A Chamada *do* Alto

A Chamada do Alto

A Formação Espiritual e a Bíblia Sagrada

Wesley D. Tracy
E. Dee Freeborn
Janine Tartaglia
Morris A. Weigelt

Copyright © 2018
Beacon Hill Press of Kansas City

ISBN 978-1-56344-909-3

Publicado em inglês como
The Upward Call
By Wesley Tracy, E. Dee Freeborn, Janine Tartaglia-Metcalf and Morris A. Weigelt

Copyright © 1993

Published by Beacon Hill Press of Kansas City
A division of Nazarene Publishing House
Kansas City, Missouri 64109 USA

This edition published by arrangement with Nazarene Publishing House.

All rights reserved.

Esta edição foi publicada através de um acordo com a
Nazarene Publishing House, Kansas City, Missouri, EUA.

Versão em português europeu publicada pela
Literatura Nazarena Portuguesa, Lisboa

Várias pessoas ao longo de anos contribuíram para a tradução desta obra em português.

Revisão e Edição feita por Margaret Scott, Jafete Alberto Mabote, Celeste Macie Chaguala, Sérgio Emílio Pereira e Priscila Guevara

Versão da Bíblia em português utilizada: Bíblia Sagrada. Almeida Revista e Corrigida. Sociedade Bíblica do Brasil, 2009.

Índice

Prefácio 9

PARTE I
ENCONTRANDO O CAMINHO

Introdução da Parte 1 15
1. Andar com Deus 17
2. Sabotado Pelo Pecado 25
3. Devedor à Tua Graça 33

PARTE II
ENCONTRANDO RECURSOS PARA A JORNADA

Introdução da Parte 2 47
4. Encontrando Deus na Adoração 49
5. Encontrando Deus na Palavra 61
6. Encontrando Deus na Oração 71
7. Encontrando Deus através da Abençoada Subtração 83
8. Encontrando Deus através da Leitura Espiritual e da Meditação... 93
9. Encontrando Deus através de um Diário 101
10. Encontrando Deus através da Nossa Própria Singularidade 109

PARTE III
ENCONTRANDO COMPANHEIROS NO CAMINHO

Introdução da Parte 3 121
11. A Vida de Santidade é um Assunto da Comunidade 123
12. Face a Face e Coração a coração 131
13. Sem Reservas e Disfarces 139
14. "Asa a Asa e Remo a Remo": Amigos Espirituais e Mentores da Fé 147
15. Juntos Podemos Fazer: Um Novo Olhar sobre os Mentores de Fé 159
16. Alimento Espiritual na Família 171

PARTE IV
ENCONTRANDO MANEIRAS DE SERVIR OS OUTROS NA NOSSA JORNADA

Introdução da Parte 4 181
   17. Rendição Pessoal: Prelúdio Para o Serviço 183
   18. Senhor, Intensifique o Meu Amor pelos Outros 195
   19. Encontrando os Meus Lugares de Serviço 205

Epílogo 217
Notas 219

A Chamada do Alto

Não que já tenha alcançado,

Ou que seja perfeito;

Mas prossigo

Para alcançar aquilo para o que fui

Também preso por Cristo Jesus

Irmãos, quanto a mim,

Não julgo que o haja alcançado; mas uma coisa faço,

E é que esquecendo-me das coisas que atrás ficam, e

Avançando para as que estão diante de mim,

Prossigo para o alvo, pelo prémio

Da soberana vocação de Deus em Cristo Jesus.

Filipenses 3:12-14

Prefácio

Este livro é sobre um casamento – um casamento entre a formação espiritual e o ensino wesleyano sobre santidade. Eles têm tanto em comum que é apropriado falar em casamento. A sua compatibilidade centra-se no seu tema mútuo do viver santo. Para ambos, o padrão é a semelhança a Cristo. Não pode haver outras medidas significativas para a formação espiritual ou para a vida santificada.

A espiritualidade wesleyana proclama ousadamente que a santidade do coração e da vida está à disposição de todos os crentes por meio da graça santificadora. A espiritualidade wesleyana mostra claramente aos crentes o caminho da santificação. O método do discipulado wesleyano é muito eficaz, também, dentro e fora das suas fronteiras.

Frank Whaling escreveu, "Não é que a espiritualidade (wesleyana) se tenha experimentado e resultado como deficiente. Certos elementos dela têm sido provados e dado fruto especialmente através da tradição metodista. Mesmo assim, no seu todo, a espiritualidade de Wesley nunca foi totalmente experimentada."[1]

A essência da doutrina wesleyana da santidade tem a ver com a restauração da imagem de Deus na humanidade, expressa na semelhança a Cristo, e o objectivo da formação espiritual é trazer o crente a tal semelhança que seja apropriado dizer que Cristo está a ser formado no coração do crente. Esta tradição tem 2000 anos de idade ou pelo menos é tão antiga como a carta do apóstolo Paulo aos Gálatas na qual escreveu: "Meus filhos, novamente estou sofrendo dores de parto por sua causa, até que Cristo seja formado em vocês." (Gálatas 4:19)

O centro básico da formação espiritual é um relacionamento com Deus que capacita e se baseia somente da graça. A formação espiritual ocorre através de um dinâmico e crescente relacionamento com Deus. A única norma ou padrão para medir a formação espiritual, é a semelhança a Cristo.

Assim, estes dois, a doutrina wesleyana da santidade e os tradicionais ensinamentos da semelhança a Cristo, são agora unidos num santo matrimónio nas páginas deste livro – pelo menos esse é o alvo. Espera-se que este livro venha ajudar as pessoas a responderem à chamada de Deus em

Cristo, buscarem o caminho para vida espiritual e perseverarem no caminho da santidade.

Os autores deste livro estudaram o vasto corpo de literatura sobre a espiritualidade. Temos pesquisado os maiores trabalhos de todos os cristãos dos séculos e de quase todas as gerações cristãs. O Dr. Weigelt e o Dr. Freeborn ensinam a formação espiritual no Seminário Teológico Nazareno, nas igrejas locais, e nos retiros distritais e conferências. O Dr. Tracy é especialista na teologia espiritual wesleyana. Ele escreveu, ensinou e pregou muito esta disciplina. A Janine Tartaglia é uma vigorosa e bem sucedida ministra do Evangelho, uma oradora notória e uma cristã devota. Ela traz a aproximação feminina à tarefa com a sua valiosa experiência no jornalismo radiofónico e nos meios de comunicação com as massas.

O Dr. Weigelt é o principal responsável dos capítulos 1-5 e 10. O Dr. Freeborn foi o primeiro escritor dos capítulos 6-9. A Janine Tartaglia escreveu os três últimos capítulos do livro. O Dr. Tracy serviu como líder da equipa dos escritores, editando o manuscrito e escrevendo os capítulos 11-16. Dizemo-vos isso para que, quando os autores usarem a primeira pessoa ao relatar experiências pessoais, possam procurar saber (se se importarem) de quem são essas experiências.

O padrão do livro apresenta a vida de santidade como uma jornada – como com certeza o é. **Parte I, Encontrando o Caminho,** leva o leitor ao começo da jornada. A graça é o começo – *a graça expiatória* é produzida pelo "Cordeiro que foi morto desde a criação do mundo" (Apocalipse 13:8, NVI) a graça preveniente é aquela em que a todo o pecador é dado poder de escolher a Deus e o bem ao ouvir "A chamada do alto".

Abordamos a graça **salvífica** porque, sem uma clara conversão cristã, não há possibilidade de formação espiritual. A graça santificadora, uma das mais preciosas jóias da herança wesleyana, torna possível as novas dimensões da similaridade cristã. À parte da graça, as disciplinas espirituais, apesar de fielmente praticadas, tornam visíveis as patéticos pedaços de justiça-pessoal.

Parte II, Encontrando Recursos para a Jornada explora as disciplinas espirituais fundamentais. Olhamos para os meios da graça. Ao reconhecer o papel criativo e sustentador da graça em todos os estágios da jornada, vemos que as disciplinas são o meio através do qual a graça flui para as nossas vidas para crescer espiritualmente. Ainda assim o foco continua no nosso relacionamento com Deus porque as disciplinas providenciam somente o contexto no qual a graça pode funcionar. Vamos apresentar oração, meditação, estudo bíblico, leitura espiritual, bênçãos subtraídas e reportá-los como meios da graça. Exploraremos também o que tudo isto significa à luz de personalidades diferentes.

Prefácio

Parte III, Encontrando Companheiros no Caminho ensina-nos que a vida de santidade é um assunto de comunidade. Os cristãos nas igrejas, turmas, pequenos grupos, famílias e no papel dos amigos espirituais e mentores de fé ajudam-se na jornada de santidade.

Isto não é algo extra; é um requisito. À parte de qualquer outra coisa que a Igreja seja, ela é uma *comunidade* chamada para fora. Um cristão solitário é uma contradição em termos, um **oxímoro** se assim o quiserem chamar. João Wesley tinha razão ao ensinar-nos que se não temos companheiros espirituais no caminho para a Nova Jerusalém, devemos arranjá-los – porque ninguém pode fazer essa jornada sozinho.

Parte IV, Encontrando Maneiras de Servir aos Outros na Nossa Jornada, discute o serviço cristão de auto-sacrifício como uma disciplina espiritual necessária para a vida de santidade. A espiritualidade que não resulta no serviço de entrega pessoal é uma farsa. Se tem o coração de Cristo, vai alcançar a sua família, a sua Igreja e a sua comunidade com as mãos de Cristo.

O estudo das Escrituras é parte vital de todos os capítulos deste livro. A atenção cuidada à secção "Para Reflexão Pessoal e Acção" no fim de cada capítulo levará o leitor ao contacto vital com as Epístolas de Paulo. Os principais livros para o estudo são Gálatas, Efésios, Filipenses e 1 Tessalonicenses. O guia do líder, publicado sob uma capa separada enfatiza o estudo bíblico.

Toda a geração cristã tem produzido dois tipos de cristãos: o comum, a variedade comum do jardim e aqueles que descobriram a vida mais profunda. Alguns chamam a esta vida mais profunda de inteira santificação. Outros chamam isto de baptismo no Espírito, perfeição cristã, amor-perfeito ou santidade do coração e vida. Seja qual for o nome, eles reflectem uma profunda experiência de similaridade com Cristo.

Hoje, muitos cristãos ouvem a chamada de Deus à santidade. Mas não sabem como responder à chamada. Num momento de inspiração, ouvem a quieta, subtil voz e têm o vislumbre de uma terra com uma rara vista espiritual. Eles entesouram a visão e sentem uma profunda fome de alma por mais de Deus. Mas no "exasperante labirinto das coisas" - como piscinas de carros, classes pós-laborais, aulas de música, treinos de futebol, e reuniões da junta da igreja, a visão enfraquece e eles vão tropeçando na estrada medíocre em vez de na estrada de santidade.

Espera-se que este livro o ajude a responder à fome da sua alma, à chamada do alto da parte de Deus para a vida de santidade da crescente semelhança a Cristo.

Aqui está a nossa definição de formação espiritual. Que ela seja um mapa ao estudar este livro.

A Chamada do Alto

A pessoa inteira num relacionamento com Deus, dentro da comunidade dos crentes, crescendo à semelhança de Cristo, reflectida num estilo de vida dirigido pelo Espírito, disciplinado e demonstrado na acção redentora no nosso mundo.

PARTE I

Encontrando o Caminho

A Pessoa Inteira em Relacionamento com Deus

Até pararmos de fugir de nós mesmos e de nos escondermos de Deus, não haverá real possibilidade de crescimento espiritual

Mas o Senhor Deus chamou o homem, e disse a ele, "Onde está você?"

(Gênesis 3:9)

Venham a mim, todos os que estão cansados e sobrecarregados, e eu lhes darei descanso.

(Mateus 11:28)

Introdução à Parte 1

Deixar de Estar Perdido

Alguma vez já esteve realmente perdido – tão perdido que ficou absolutamente sem pista de como encontrar o caminho de volta – tão perdido que o medo começou a paralisá-lo ao ponto de o pôr em total inactividade?

Tais emoções são mais aterrorizadoras quando se relacionam à perdição espiritual. Como resultado, podemos desenvolver elaboradas técnicas para pararmos de pensar nisso e para pararmos de sentir esses calafrios paralisadores. Quando estivermos perdidos, muitas vezes anseiamos por um jogo de mãos parental que possa levar-nos até vermos a direcção certa. A segurança de ter alguém a orientar-nos pelo menos de volta ao ponto inicial da viagem, seria um enorme alívio.

Na parte I deste livro, a meta é trazê-lo novamente ao ponto inicial das coisas espirituais. Esperamos ajudá-lo a deixar de estar perdido. Esperamos que seja encontrado pela verdade e pela direcção da Palavra de Deus. Esperamos que se liberte da ansiedade que a perdição traz.

Agostinho disse a todos nós nesta linha clássica: "O coração não descansa até que encontre descanso em Ti." A moderna paráfrase sugere que há um vácuo de Deus no centro do nosso ser como pessoas que só pode ser satisfeito com um relacionamento dinâmico com o Criador.

Muitas vozes prometem libertação e livramento de depressão e potencial para o desenvolvimento. Mas muitos desses mediadores de segurança e profetas auto-ajudadores não prestam atenção às Escrituras e não conhecem o Senhor.

Gostaríamos de convidá-lo a considerar a desenvolvimento espiritual wesleyano. Convidamo-lo a permitir que a Palavra de Deus o ajude a encontrar o autêntico ponto de partida. Permita ser cativado por Deus. O apóstolo Paulo escreveu: "Mas agora, conhecendo a Deus, ou melhor, sendo por ele conhecidos." (Gálatas 4:9).

Na Bíblia somos apresentados ao Deus que procura um relacionamento connosco, apesar do pecado ter severamente encurtado as possibilidades desse dinâmico relacionamento. Paulo lembra-nos: "Mas onde aumentou o pecado transbordou a graça." (Romanos 5:20). O optimismo radical da graça no Novo Testamento é o nosso convite ao crescimento espiritual – para um relacionamento com o Deus do universo.

Oramos para que encontre o caminho!

Oramos para que deixe de "estar perdido"!

Oramos para que ultrapasse o seu desassossego, medo e para que descubra a liberdade da vida de santidade.

O desenvolvimento espiritual não é um assunto de auto conquista, auto esforço ou auto disciplina. É estritamente um assunto do *relacionamento* com Deus.

1

Andar com Deus

A fresca e crepita noite de inverno de Dakota levou-me a tremer para o meu quarto, mas não para dormir. Arrastei a minha cama para a janela do norte e apoiei-me numa almofada para assistir ao espectáculo da luz cósmica de Deus – a aurora boreal. Tinha somente 12 anos de idade e a luz espectacular do norte criava um assombro inexprimível.

A luz mudava numa variedade de cores em movimento. Havia vermelhos, azuis, laranjas e verdes e amarelos e toda a combinação de cores entre elas. Durante horas, aquela luz pulsava e mudava num caleidoscópio de cores. Que espectáculo de luz!

Fiquei profundamente movido pela imensidão do universo e pela pequenez do rapaz a observar aquela vasta exposição de cor e poder. Embora estivesse impossibilitado de enquadrar o conceito, Deus estava a apresentar-me um princípio central de formação espiritual. **Não há possibilidade de formação espiritual fora da "intercessão" ou encontro com Deus.** Isto quer dizer que, o desenvolvimento espiritual não é assunto de auto conquista, autocontrole ou autodisciplina. É estritamente um assunto de *relacionamento* com Deus.

Discutir formação espiritual como um fim em si mesmo, ou como prescrição para reduzir o stress, ou como rota para a plenitude psicológica, é não entender o ponto principal. Na essência do desenvolvimento espiritual está o relacionamento com Deus cuidadosamente nutrido.

A Chamada do Alto

Chamada de Deus ao Relacionamento Ecoa através do Velho Testamento

Estude o Velho Testamento e descubra um Deus que busca. Deus vagueia entre as suas histórias sagradas, que convidam meros mortais ao relacionamento. A Sua voz ecoa pelos corredores desses séculos antigos, chamando o perdido, os contundentes, o doente do pecado, até mesmo os rebeldes desafiantes a uma relação redentora com o Deus de toda a Terra

1. Deus Chama na Calmia da Noite

A chamada de Deus ao relacionamento veio primeiro a Adão e Eva no jardim. "Ouvindo o homem e a sua mulher os passos do Senhor Deus, que andava pelo jardim quando soprava a briza do dia" (Gênesis 3:8). Depois de terem pecado e começado a esconderem-se de Deus, a assustadora chamada, "Adão onde está você?" estava a soar pela primeira vez. Deus continua a chamar os seus filhos através dos séculos.

2. Deus Convida Três Pessoas para um Passeio – um Longo Passeio

O pacto da chamada de Deus a Abraão foi um convite para passear em comunhão com Deus. "Eu sou o Deus Todo Poderoso, ande segundo a minha vontade e seja íntegro" (Gênesis 17:1). Enoque e Noé foram também chamados para um "passeio" com Deus. A vida espiritual é com certeza um passeio, uma jornada de vida, uma chamada do alto para caminhar a estrada em comunhão com Deus.

Deus chama repetidamente pessoas e Israel ao relacionamento. Muitas vezes esse relacionamento é descrito como andar junto. Algumas vezes é comparado a um relacionamento entre pai e filho ou ao relacionamento matrimonial. Qualquer violação àquela comunhão é uma infidelidade grossa que sabota o desenvolvimento espiritual.

3. Um Despertar Diário da Chamada de Deus

Os filhos de Israel deviam recitar o *shema* diariamente: "Oiça, Israel, o Senhor, o nosso Deus, é o único Senhor. Ame o senhor, o seu Deus, de todo o seu coração, de toda a sua alma e de todas as suas forças. Que todas estas palavras que hoje lhe ordeno, estejam em seu coração" (Deuteronômio 6:4-6). Assim, todos os dias eles recordavam-se da importância de comunhão com Deus.

4. Deus Chama um Homem de Enganador

Vamos lançar um olhar sobre a "intercessão" que Jacob teve com Deus segundo a citação em Genesis 28. Com a ajuda de sua mãe Jacob – conhecido como enganador – aldrabou o seu irmão, Esaú, na bênção recebida pela progenitora. O rancor que Esaú tinha contra Jacob era tão amargo que sua mãe mandou-o para fora do país.

Na lama e cheio de culpa, Jacob colidiu com Deus que interveio para reafirmar o pacto que Ele tinha feito originalmente com o seu avô Abraão. As próprias palavras de Jacob vivem ecoando nos nossos corações. "Sem dúvida o Senhor está neste lugar, e eu não sabia. – Temível é este lugar, não é outro senão a casa de Deus. Esta é a porta dos céus" (Gênesis 28:16,17).

Para estarmos cientes do cuidadoso pastorear de Deus nas nossas vidas – mesmo quando somos tentados a escapar – ensina-nos a verdade fundamental da formação espiritual. Deus está sempre à procura da comunhão.

5. Deus Chama uma Nação que se Esqueceu da Fidelidade

Tenho sido profundamente influenciado pelo registo da aparição de Deus a Moisés como vem no 33º capítulo de Êxodo. Depois de receber os Dez Mandamentos de Deus no Monte Sinai, Moisés desceu da montanha e encontrou o povo a cabriolar em volta do bezerro de ouro. Moisés caiu em seus joelhos intercedendo a Deus pelo povo. Escute a sua oração: "Se não fores connosco não nos envies. Como se saberá que eu e o teu povo podemos contar com o teu favor se não nos acompanhares? Que mais poderá distinguir a mim e a teu povo de todos os demais povos da face da terra?" (Êxodo 33:15,16).

Moisés continuou a pressionar até que Deus prometeu demonstrar a Sua presença. Ele escondeu Moisés numa fissura de rocha e cobriu-o com a Sua mão enquanto a Sua divina glória passava. Depois Deus tirou a Sua mão e Moisés pôde ver Deus a andar. Deus deu a Moisés a segunda edição dos Dez Mandamentos, e foi enviado de volta ao seu povo. As tábuas da Lei foram e são, um guia para relacionamento com os outros e com Deus. Deus estava a chamar o Seu povo de volta ao relacionamento redentor.

> **A vida espiritual é, com certeza um passeio, uma jornada de vida, uma chamada do alto para andar na santidade em comunhão com Deus.**

A Chamada do Alto

A formação espiritual genuína só pode começar com um encontro com Deus. Deus está a cruzar o seu caminho, oferecendo-lhe uma relação redentora. Tem se encontrado com Ele em todo o lado?

6. Deus Chama Através de Lágrimas de um Pregador

Deus falou através de Jeremias para chamar de volta um povo rebelde a uma comunhão redentora. Israel tinha violado a Lei de Deus repetidamente. Jeremias compreendia que a misericórdia de Deus não significa que as consequências do pecado não iriam ocorrer. Ela acentuou a certeza da punição que Israel tinha trazido para si.

Jeremias é conhecido como o profeta chorão. Mas ele é também o profeta do regresso. A sua voz de pranto chamou Israel ao arrependimento e ao regresso. "Coloque marcos e ponha sinais nas estradas, preste atenção no caminho que você trilhou. Volte, ó virgem Israel! Volte às suas cidades" (Jeremias 31:21).

7. Deus tem Muitas Vozes

O Velho Testamento está cheio de registos de "intercessões" estratégicas ou encontros de Deus com o Seu povo. Algumas vezes Ele vem com repreendas ou condenações. Algumas vezes Ele vem em preocupação e cuidados. Algumas vezes vem numa visão de noite. Algumas vezes vem como fogo e algumas vezes vem em forma de vento tempestuoso. Algumas vezes numa voz subtil. Mas o registo diz claramente que Ele sempre vem. Deus é o iniciador da comunhão. O conceito de um Deus que busca é a pedra angular tanto da espiritualidade wesleyana como da bíblica. Sem essas "intercessões" especiais com Deus, nunca encontraremos a graça salvífica e santificadora e as nossas necessidades mais profundas nunca serão satisfeitas.

A CHAMADA DE DEUS À COMUNHÃO REECOA NO NOVO TESTAMENTO

O entendimento deste princípio primário de formação espiritual é aguçado quando voltamos ao Novo Testamento.

1. O Cumprimento da Lei

Quando o doutor da lei pede que Jesus identifique o ponto central da lei, Jesus focalizou a comunhão de amor com Deus. "Ame o Senhor, o seu Deus de todo o seu coração e de toda a sua alma e de todo o seu entendimento. Este é o maior e primeiro mandamento" (Mateus 22:37-38).

2. Deus Fala em Cristo

O escritor aos Hebreus diz-nos que o Deus que falou de várias maneiras e em diferentes lugares e através dos profetas falou agora diferentemente em Jesus Cristo. É este Cristo que diz: "Todas as coisas me foram entregues por meu Pai, Ninguém conhece o Filho a não ser o Pai, e ninguém conhece o Pai a não ser o Filho e aqueles a quem o Filho quiser revelar. Venham a mim, todos os que estão cansados e sobrecarregados, e eu lhes darei descanso. Tomem sobre vocês o meu jugo e aprendam de mim, pois sou manso e humilde de coração, e vocês encontrarão descanso para as vossas almas. Pois o meu jugo é suave e o meu fardo é leve" (Mateus 11:27-30).

3. As Parábolas Figuram um Deus que Busca

As parábolas do nosso Senhor sublinham vividamente o aspecto de Deus que busca. A parábola da ovelha perdida, a moeda perdida, e o filho pródigo em Lucas 15, por exemplo, enfatizam não só o aspecto de buscar e encontrar o amor do Pai Celestial, mas também a alegria de recuperar o perdido. Cada uma das parábolas termina com o mesmo refrão-celebração de recuperação.

4. Jesus Foi um Convite de Carne-e-Sangue para a Comunhão com Deus

O modelo do próprio Jesus aponta na mesma direcção. Desde momento do Seu sermão inaugural, citado em Lucas 4, está claro que a redenção, a recuperação e a comunhão, são os temas primários de Sua vida e ministério. Ele alcança o desterrado, o pobre, os mutilados e os cegos. O Seu amor é reflexo do amor do Pai.

> **Deus está à sua procura para lhe oferecer uma comunhão redentora. É por isso que continua a ir contra Ele em todos os lugares!**

O modelo da própria vida de Jesus reforça o princípio. A Sua vida de oração aponta para a mesma direcção. Ele ensinou os Seus discípulos a orarem começando com "Abba, Pai". A Sua oração no jardim de acordo com João 17, foi de intimidade e familiaridade. Ele reconhece que Ele e o Pai são um e ora para que o mesmo relacionamento caracterize os Seus discípulos.

A repetida ênfase de perdão no sermão e na parábola reforça a consciência de que a espiritualidade começa e termina no relacionamento com Deus. A oração do Senhor faz do perdão uma das petições centrais. A morte de Cristo torna-se uma moldura na qual Ele Se posiciona como modelo de perdão ao conceder o perdão àqueles que O crucificaram.

5. A Declaração da Crucificação "Vejam – amo-vos Tanto Assim"

João 3:16-17, memorizado por quase todos os leitores deste livro, captura este tema. "Porque Deus tanto amou o mundo que deu o seu Filho Unigénito, para que todo o que nele crer não pereça, mas tenha a vida eterna. Pois Deus enviou o seu Filho ao mundo, não para condenar o mundo, mas para que este fosse salvo por meio dele."

A morte de Jesus na Cruz torna-se a última evidência de que o relacionamento com Deus está na essência do cristianismo. Ele morreu para que nós fôssemos perdoados e gozássemos a vida eterna – que é definido por João como conhecer a Deus (João 17:3).

❧ Para Reflexão Pessoal e Acção ❧

Então o Que Espera que Eu Faça Disto?

Esperar é uma palavra de ordem. Em vez disso, deixe-me convidá-lo a fazer o seguinte:

1. Entenda que o viver santo e formação espiritual são dons de Deus.

O preenchimento da fome do seu coração não será encontrado na sua disciplina mais rígida, numa boa educação, no resolver abrir uma nova página, num livro completo de auto-ajuda com cassetes de vídeo, num caso de amor, ou mesmo num aumento de salário. Buscar satisfazer a fome de Deus na futilidade do seu coração é reviver o espectáculo da novela de John Updike onde um trabalhador desesperado se senta num grande livro de auto ajuda para delinear o seu suicídio. Encontros ou "intercessões," com Deus que levam ao relacionamento com Ele são a nossa esperança para o crescimento espiritual, santidade e felicidade.

2. Reflicta nas "Intercessões" do Passado com Deus

Com uma surpreendente regularidade, Ele tem-Se intersectado na sua vida. Mesmo quando tem fugido, como Jacob e Jonas, Ele tem-no encontrado – não é? Separe tempo para ponderar nessas sagradas experiências. Faça uma lista de cinco das intercessões mais significativas com Deus no curso da sua vida. Inclua aqueles momentos em que se tornou aparente somente em retrospectiva que Deus o tocou.

3. Reveja o Seu Compromisso para Nutrir o Relacionamento para o Qual Deus o Chama.

Responda à chamada de Deus com fé e obediência, com nutrição cuidadosa desse relacionamento, com amor submisso e agradecido àquele que veio a nós em Cristo.

Todo o relacionamento requer nutrição cuidadosa. Amizades que não são nutridas deterioram-se e morrem. Casamentos que não são cuidadosamente nutridos desenvolvem distâncias emocionais muito grandes de se ultrapassar. O seu relacionamento com Deus é muito precioso para ser perdido ou arriscado. Escute a Sua suave, e subtil voz. Ele está à porta do seu coração neste exacto momento.

4. Reveja o Problema do Pecado

A esperança para a vida de santidade e um crescente relacionamento com Deus, foram severamente contaminados pelo pecado. No próximo capítulo havemos de explorar as maneiras pelas quais o pecado sabota a formação espiritual e a vida na santidade. Leia-o cuidadosamente e cedo.

5. Estudo da Bíblia

Leia as seguintes passagens, anotando o tema do Deus amoroso alcançando e trazendo pecadores a um relacionamento redentor.

Gálatas 3:1-4:7 (especialmente 3:24-29 e 4:4-7)
Efésios 2:1-21
Filipenses 2:5-11

Ao contemplar estas escrituras e a "chamada de Deus" configurada nesse capítulo, faça deste hino parte da sua devoção. "Dá Teu Coração" (Hino 187 do *Louvor e Adoração*)

A conversão cristã não é um caso de abanar aquela pequena faísca espiritual na alma humana até chegar a ser uma chama. É um caso de invasão de uma alma em trevas e condenada com a luz espiritual do alto

—Steve Turner

2

Sabotado Pelo Pecado

Susan Howatch conta-nos uma história atraente de Vanetia Flaxton, uma menina que se enamorou de um amigo da família, o que é um clérigo – de facto, o deão da catedral. Eles desenvolveram um caso secreto de amor e racionalizaram seus comportamentos.

As dúvidas começaram a paralisar a mente da jovem. Um dia ela foi à busca de aconselhamento com um sacerdote ancião. A Vanetia justifica a violação da ética e das regras de moral argumentando que a linguagem metafórica das gerações passadas já não descrevem adequadamente Deus. O amor é a única explicação necessária.

O sacerdote volta à analogia contemporânea para descrever o que está a acontecer com a Vanetia. Quando a bomba atómica foi lançada à Hiroxima, muitos foram mortos. Outros pareciam estar aparentemente bem com base em observações externas, mas "tinham sido contaminados pela grande poluição. Era invisível, mas tinha entrado na carne daquelas infelizes vítimas e tinha-se alojado nos seus ossos e foi nesse mesmo dia que foram destruídos."[1] Ele soletra a maneira interna pela qual todas as coisas são contaminadas pelo pecado. Perto do fim do livro, Vanetia finalmente admitiu que a devastação é tão grande que não pode nunca encontrar Deus.

A FRUSTRAÇÃO DO PLANO DE DEUS

Este exemplo de um romance contemporâneo, sublinha um segundo princípio maior da formação espiritual: **A formação espiritual deve reconhecer que o plano de Deus foi seriamente frustrado pelo pecado.** A consequente contaminação afectou para sempre a maneira pela qual nos aproximamos de Deus.

Muitos dos que escrevem ou falam no campo de desenvolvimento espiritual não dão evidências de estarem cientes das consequências devastadoras do pecado. Eles entendem que esforços e condições apropriadas poderão produzir a formação espiritual. É necessário somente levar, de forma relativamente suave, a sequência de ímpio para santo.

Palavras como *espiritual* e *potencial espiritual* estão a rastejar nos contextos mais estranhos. Steve Yurner escreveu: "Como se usa no discurso secular, *espiritual* pode referir-se a tudo o que não se pode atestar num laboratório ou aparafusar no chão."[2] Quando o *espiritual* é definido sem se reconhecer o pecado, resulta em confusão destrutiva.

> A conversão cristã não é um caso de abanar aquela pequena faísca espiritual na alma humana até se tornar em chama. É um caso de invasão de uma alma em trevas e condenada com a luz espiritual do alto ... A evidência de que o apóstolo Paulo tinha passado da morte espiritual para a vida espiritual, não foi porque ouviu uma voz, viu uma luz, e temporariamente perdeu a vista, mas aquele amor substituiu o seu ódio, aquela paciência substituiu a sua dureza e aquela mansidão substituiu o seu orgulho.[3]

A luz da Palavra é o nosso único guia. O reconhecimento bíblico da devassidão do pecado levará-nos a entender os elementos essenciais do desenvolvimento espiritual.

1. Um Relacionamento Contaminado com Deus

A Bíblia começa com o trabalho criativo de Deus. A figura de Deus se curvando e soprando o sopro da vida naquela primeira pessoa é simplesmente formidável. O capítulo logo a seguir mostra os resultados drásticos de um relacionamento quebrado. O pecado contaminou imediatamente todas as coisas.

Nós entendemos o que é a contaminação. O derramamento de óleo e substâncias químicas provocam danos irreversíveis. A disposição do lixo nuclear tornou-se um grande problema. Acidentes radioactivos, como o desastre de Chernobyl, perigaram ou destruíram inúmeras vidas. Mais devastador é a contaminação da vida pelo poder do pecado. O pecado é um cancro letal que sabota a formação espiritual e a santidade. A sua contaminação inunda o ambiente espiritual. Walter Brueggemann escreveu: "O veneno da culpa é pelo menos tão perigoso como o lixo nuclear. Deve ser posto fora onde não possa destruir ou contaminar.[4]

> **Pecado é um cancro letal que sabota a formação espiritual**

Ray Dunning, em *Graça, Fé e Santidade,* afirma que a imagem de Deus nos seres humanos inclui quatro liberdades primárias e essenciais: liberdade para Deus, liberdade para o outro, liberdade do mundo e liberdade para o autodomínio.[5] Todas estas liberdades foram perdidas na Queda.

No seu sermão "O novo nascimento" John Wesley descreveu os resultados da Queda:

> Ele perdeu a vida de Deus: foi separado d'Ele, na união com quem a sua vida espiritual consistia ... o amor de Deus foi extinguido na sua alma ... assim ele perdeu tanto o conhecimento, como o amor de Deus, sem o qual a imagem de Deus não pode subsistir, então, ficou carente ... e tornou-se profano e também infeliz. No lugar disto, afundou-se no orgulho e egoísmo, a própria imagem do diabo e em apetites e desejos insensatos; a imagem das bestas.[6]

2. A Incapacidade de Confiar em Deus

A essência do pecado, então, é a recusa de confiar em Deus – uma exaltação egoísta para a exclusão de Deus resultando em desobediência. Assim, a formação espiritual é sabotada desde o princípio.

O modo reservado no qual o pecado atrai, engana, e destrói cria um labirinto de dificuldades. O problema do pecado começou no Jardim de Éden com o engano de Adão por Eva. Ambos começaram a duvidar de Deus e esconderam-se. Ficaram com vergonha e não conseguiam encarar Deus. Assim, o relacionamento rico e dinâmico que previamente gozavam com Deus desfez-se.

O relacionamento quebrado com Deus estraga os relacionamentos com outras pessoas. Não foi muito depois da exclusão do jardim que o homicídio entrou no quadro – Caim matou Abel. O colapso familiar é claramente ilustrado no resto de Gênesis. Israel, como povo de Deus, lutou no seu relacionamento entre Deus e o Seu povo que não confiava no Senhor.

3. Deus é Sério – Muito Sério – Acerca do Pecado

Um exemplo da história de espionagem de Israel exibirá a seriedade com que Deus vê o pecado.

O contexto é o livro de Números. Os hebreus pararam a sul da entrada da terra prometida, de acordo com o capítulo 13. Os enviados já tinham espionado a terra prometida. O relatório da maioria dos espiões dizia que a oposição era muito assustadora. Somente dois dos espiões recomendaram a confiança em Deus para os ajudar.

À medida que a rebelião começou entre o povo, Moisés e Arão ficaram de cabeças para baixo diante de todo o povo. Josué advertiu sucintamente ao povo: "Tão-somente não sejais rebeldes contra o Senhor" (Números 14:9).

Depois de uma especial declaração, Moisés convenceu o Senhor que liquidar a nação inteira num sopro seria de poucas relações públicas no que diz respeito ao Egito. Mas escute as consequências:

> "Então, o Senhor disse: 'Conforme a tua Palavra te perdoei. Porém, tão certamente como eu vivo, a glória do Senhor encherá toda a terra, e todos os homens que viram a minha glória e os meus sinais, que fiz no Egipto e no deserto, e me tentaram estas dez vezes, e não obedeceram à minha voz, não verão a terra de que a seus pais jurei, e *até nenhum daqueles que me provocaram* a verá'." (Números 14:20-21, ênfase adicionada).

O salmista compreendia que o Senhor é sério – muito sério – quando vê tal rebelião. "Quarenta anos estive desgostado com esta geração, e disse: É um povo que erra de coração e não tem conhecimento dos meus caminhos. Por isso, jurei, na minha ira, que não entrarão no meu repouso" (Salmo 95:10-11).

> **Um dos aspectos mais enganosos da pecaminosidade é a tentação de disfarçar o verdadeiro entendimento do pecado para os nossos próprios propósitos.**

Se verificar a frase final na língua original encontra somente uma causa "se", sem o resto da frase. Tanto os hebreus como os gregos lêem: "Se alguma vez entrarem no meu repouso ... "! E está claro que Deus quer dizer negócio. As consequências não são clarificadas, mas não precisa da quinta classe de escolaridade para entender que ninguém estava isento. Aquelas palavras que estão no final de Números 14:23 clamarão através dos séculos: "nenhum daqueles que me provocaram a verá."

O Novo Testamento Mais adiante Define Esta Devastação

O Novo Testamento continua com o mesmo tema. Os efeitos sabotadores do pecado têm ensombrado todos os aspectos da vida. Os aspectos do pecado de Adão são resumidos em Romanos 5:12-14 "Pelo que, como por um homem entrou o pecado no mundo, e pelo pecado a morte, assim, também, a morte passou a todos os homens, por isso que todos pecaram. Porque até a lei, estava o pecado no mundo, mas o pecado não é imputado, não havendo lei. No entanto, a morte reinou desde Adão até Moisés, até sobre aqueles que não pecaram à semelhança da transgressão de Adão, o qual é a figura daquele que havia de vir." Somente o gracioso dom do Único Filho de Deus pode resolver o problema.

1. O Pecado Tem Mil Faces

No primeiro capítulo aos Romanos, Paulo descreve a difusão do pecado. Quebra-se em muitas formas diferentes. A crescente frustração de Deus tem o seu clímax no anúncio de que os seres humanos são livres para se deitarem no seu próprio lixo. O crescimento da pecaminosidade é resumido em Romanos 1:29-31: "Estando cheios de toda a iniquidade, prostituição, malícia, avareza, maldade; cheio de inveja, homicídio, contenda, engano, malignidade; sendo murmuradores, detractores, aborrecedores de Deus, injuriadores, soberbos, presunçosos, inventores de males, desobedientes aos pais e as mães; néscios, infiéis nos contractos, sem afeição natural, irreconciliáveis, sem misericórdia." A figura é espectacular e dolorosamente clara.

2. O Pecado é um Monstro Enganador

Paulo personifica o pecado como um monstro enganador que náufraga e destrói. Interiormente, a besta destrói a unidade, santidade e integridade da pessoa. Exteriormente, destrói os relacionamentos interpessoais. Mais importante de tudo, destrói o relacionamento com Deus.

Paulo resume este poder do pecado como o poder da morte. A linguagem clara de Romanos 7:10-11 capta a sua essência: "E o mandamento que era para a vida, achei eu que me era para morte, porque o pecado, tomando ocasião pelo mandamento, me enganou e por ele me matou."

No oitavo capítulo de Romanos, Paulo descreve o problema central como uma desafiante rebelião contra Deus. O ego, controlado pelo monstro do pecado, não está apenas disposto a submeter-se ao domínio de Deus e a gozar do relacionamento com Ele, mas é também incapaz de se submeter à vontade d'Ele. Esta perversa incapacidade de se submeter à lei de Deus sabota o potencial de qualquer relacionamento com Ele – sabotando assim o potencial de qualquer desenvolvimento espiritual ou vida de santidade genuína.

3. O Pecado Opera de Dentro para Fora

A representação de pecado como um gigante voraz de morte negociada não significa que a situação é desesperante. O pecado não é uma força externa. "O pecado não existe independentemente do homem. É muito mais, não para ser considerado como parte defeituosa da natureza humana ... Assim não devemos falar tanto sobre o pecado, mas sim sobre o homem como pecador."[7] A essência do pecado é uma atitude de rebelião que desafia Deus e substitui a submissão com a auto confiança egoísta.

> **Quando Perdemos a Habilidade de confiarmos em Deus e nos outros, morremos no isolamento**

Mildred Wynkoop escreve: "O problema do homem não é uma subestrutura de alguma substância estranha agarrando a sua alma, mas a sua própria alienação de Deus. Ela define pecado como sendo a falta desse relacionamento (com Deus) porque o homem o repudiou. Esse repúdio é ético na sua essência e tem consequências em todas as áreas da vida racional do homem e alcança todas as coisas que o homem toca. Esta ruptura é uma força desintegrativa, religiosamente, na psique da pessoa que peca, na sociedade, no mundo, em todos os relacionamentos que ele sustém com pessoas e coisas.

Como Venetia Flaxton costumamos elaborar argumentos para negar que qualquer coisa esteja realmente errada. Tentamos elaborar enganos – de outros e de nós mesmos – para legitimarmos os nossos desejos. Recusamo-nos a admitir que o processo está a distruír-nos e a distruír o nosso relacionamento com Deus.

Finalmente, o sacerdote forçou a Venetia a olhar para o espelho. Quando ela o fez, começou a reconhecer e a admitir o poder destrutivo de toda a situação. Era visível na sua face e também no seu coração. O que é que a sua face e coração testificam?

~ Para Reflexão Pessoal e Acção ~

Como é que este capítulo me afecta?

O pecado apresenta um quadro negro – até considerarmos a graça. Então, leia esta secção em antecipação ao rico dom da graça de Deus, que ocupa a nossa atenção no próximo capítulo.

1. Reconheça a Natureza Inegável do Pecado

Um dos mais enganosos aspectos da pecaminosidade é a tentação de disfarçar a verdadeira compreensão de pecado para os nossos próprios propósitos. As nossas definições do pecado são afectadas por muitos factores diferentes: as definições (conscientes ou inconscientes) nas nossas famílias, as conotações do pecado na nossa cultura, as tentações específicas que têm um ajuste em nossas próprias vidas.

Explore os efeitos de tais factores na sua própria definição do pecado na sua jornada pessoal. Quando ganhar discernimento e entendimento, leve esses entendimentos à Palavra de Deus para a correcção e clarificação.

2. A Honestidade Avalia os Danos na Sua Própria Vida

Uma pessoa debaixo do poder do pecado perde a habilidade de confiar. Quando perdemos a habilidade de confiar em Deus e nos outros, morremos no isolamento. Ainda consigo ouvir a voz do jovem que confessou a um pequeno grupo. "Eu recordo a noite em que fui traído pelo meu melhor amigo quando estava ainda no ensino superior. Jurei que nunca permitiria que qualquer um chegasse perto de mim para me trair daquela maneira. Mantive aquela promessa até hoje. Mas hoje, como resultado, sou como um cadáver semimóvel, e para mim Deus está praticamente morto." Avalie o dano do pecado na sua vida.

3. Confesse os Seus Actos Pecaminosos a Deus

Até confessarmos a nossa pecaminosidade, o nosso relacionamento com Deus será impossível. Fora da função da graça nas nossas vidas nunca conheceremos um relacionamento em desenvolvimento com Deus.

A palavra bíblica para arrependimento inclui angústia para com o pecado, uma mudança de mente, e uma mudança de direcção. A Bíblia promete: "Se confessarmos os nossos pecados, ele é fiel e justo para nos perdoar os pecados, e nos purificar de toda a injustiça" (1 João 1:9).

4. Estudo Bíblico

Considere estas passagens em oração:
Gálatas 3:22, 5:16-17; 6:7-8

Romanos 3:9-26
Efésios 1:7-8; 2:3-10

5. Faça Esta Oração para Si Mesmo

Senhor Jesus, aqui estou eu, sou uma criatura perdida, um inimigo de Deus, debaixo da Sua ira e maldição. Desejas, Senhor, afirmar-me, reconciliar-me com Deus e salvar a minha alma? Não me negues, Senhor, porque se Tu me negares, para quem irei então?

Uma vez que venho ao mandamento do Pai, não me rejeites. Senhor, ajuda-me. Senhor, salva-me.

Eu venho, Senhor, eu creio, Senhor Rendo-me à Tua graça e misericórdia. Rendo-me ao Teu sangue. Não me recuses, aqui estarei. Em Ti confiarei, e descansarei e me aventurarei. Em Ti coloco a minha esperança para o perdão, para a vida, para a salvação. Se eu perecer, perecerei nos Teus ombros. Se eu me afundar, afundar-me-ei no Teu vaso. Se morrer, morrerei na Tua porta.

Ó santíssimo Deus, eu peço-Te, aceita o pobre pródigo que se prostra à Tua porta.

—John Wesley

6. Nos próximos dias faça deste hino a sua constante companhia

"I Lay my sins on Jesus." [Deixo os meus pecados em Jesus] (Hino 340 do *Sing to the Lord*).

> A Graça salvífica torna possível a formação espiritual.
> A Graça Santificadora cria potencial para que o crescimento à semelhança de Cristo seja tão grande quanto o horizonte e tão profundo quanto o mar.

3

Devedor à Tua Graça!

Fui criado numa fazenda no Dakota do Norte. Apesar de um rio dividir a nossa fazenda, nunca aprendi a nadar. O medo que a minha mãe tinha de água infiltrou-se na minha mente e eu, cuidadosamente, evitava aprender a nadar. Bem, eu aprendi a "nadar"– bastante perto da costa para poder pôr um pé no fundo no momento de notificação. Tecnicamente, duvido que isso pudesse ser chamado de verdadeira natação.

Durante muito tempo tentei organizar a minha vida espiritual da mesma maneira como "nadava." Confiava em Deus, mas estava sempre preparado para me socorrer – no caso de haver necessidade. Tecnicamente, duvido que pudesse realmente estar a viver só pela graça.

O Papel Crucial da Graça

Desde o princípio ao fim, a formação espiritual é o trabalho da graça e somente da graça. Perder de vista esta verdade básica, mina e perverte toda a formação espiritual. A forma wesleyana de formação espiritual sublinha o papel crítico da graça. É um optimismo radical que cresce directamente fora da compreensão bíblica da graça.

O papel cardeal da graça está claramente visível no segundo capítulo de Efésios. O apóstolo reconhece as devastadoras consequências do pecado – com a resultante devastação e paralisação. A entrada da graça, no entanto, faz uma diferença decisiva:

A Chamada do Alto

> Mas Deus, que é riquíssimo em misericórdia, pelo seu muito amor com que nos amou, estando nós ainda mortos em nossas ofensas, nos vivificou juntamente com Cristo (pela GRAÇA sois salvos), e nos ressuscitou juntamente com ele, e nos fez assentar nos lugares celestiais, em Cristo Jesus, para mostrar nos séculos vindouros as abundantes riquezas da sua GRAÇA, pela sua benignidade para connosco, em Cristo Jesus, porque pela GRAÇA sois salvos, por meio da fé, e isto não vem de vós, é dom de Deus; não vem das obras, para que ninguém se glorie (Efésios 2:4-9).

O poder da morte pelo pecado rompe com todas as possibilidades de formação espiritual, mas a poderosa dinâmica da graça de Deus reverte essa destruição e traz um optimismo radical.

1. A Graça Funciona Antes de Aceitarmos a Cristo

A graça funciona nas nossas vidas desde o princípio. Mesmo durante os nossos tempos de rebelião, Deus está a operar. A possibilidade de arrependimento e conversão a Deus é em si um dom da graça. Paulo colocou essa ideia em Romanos, nestas palavras: "Porque Cristo estando nós ainda fracos, morreu a seu tempo pelos ímpios ... Mas, Deus, prova o seu amor para connosco, em que Cristo morreu por nós, sendo nós ainda pecadores" (Romanos 5:6,8).

John Wesley ajudou-nos a compreender o papel crucial da preveniente graça de Deus. A "liberdade para Deus" foi destruída na Queda, disse ele. O pecado original, às vezes conhecido como depravação total, destruiu qualquer possibilidade de desenvolvimento espiritual ou de relacionamento com Deus, à parte da graça.

A restauração da "liberdade para Deus" pela graça capacita-nos a responder à oferta de Deus da salvação em Cristo. A preveniente graça é melhor compreendida em retrospecto das nossas próprias vidas. Quando fazemos uma retrospectiva das nossas próprias vidas podemos ver as diversas formas nas quais Deus estava a preparar-nos ao longo dos tempos.

Estudantes de uma turma de formação espiritual foram convidados a fazerem uma lista dos seus cinco encontros mais significativos com Cristo. Um estudante ficou maravilhado ao descobrir que três dos cinco encontros tinham ocorrido antes da conversão. Quão gracioso é o Deus que servimos!

> O encontro crucial com Cristo na graça salvífica é a entrada para a formação espiritual

Devedor à Tua Graça!

Que encorajamento saber

    que os primeiros passos para Deus são capacitados pela Sua graça!

    que a graça preparatória de Deus é estendida para todos!

    que quando partilhamos a nossa fé em Cristo com uma outra pessoa, Deus já operou na vida dessa pessoa!

    que sempre que o Evangelho é apresentado em qualquer meio, os que escutam já são recipientes da graça de Deus!

Um poeta anónimo escreveu:

Eu busquei a Deus, e posteriormente soube
Que Ele moveu a minha alma para O buscar, buscando-me.
Não fui eu que encontrei, Ó verdadeiro Salvador;
Não, eu fui achado por Ti.

2. A Graça Funciona Quando os Pecados são Perdoados.

O reconhecimento dos danos do pecado nas nossas vidas traz-nos à única solução possível na presença de um Deus santo. Só conseguimos reconhecer a nossa incapacidade de nos ajudarmos a nós mesmos e confessar os nossos pecados a Ele.

Paulo comunica as boas novas de perdão dos pecados com a metáfora da reconciliação em Romanos 5:10-11:

> Porque se nós, sendo inimigos, fomos reconciliados com Deus, pela morte do Seu Filho, muito mais, estando já reconciliados, seremos salvos pela sua vida. E não somente isto, mas também nos gloriamos em Deus, por nosso Senhor Jesus Cristo, pela qual, agora, alcançamos a reconciliação.

A reconciliação tem resultados profundos a diferentes níveis: (1.) entre Deus e os seres humanos (Romanos 5:1; Gálatas 5:22; Colossenses 3:15); (2.) entre as pessoas (Efésios 2:12-17; 4:3-6); e (3.) no nível cósmico (Colossenses 1:20).

Paulo usa uma grande variedade de metáforas para descrever a maravilha do trabalho de Deus por nós em Cristo. Medite no poder da linguagem em Colossenses 2:13-15: "E quando vós estáveis mortos nos pecados e na incircuncisão da vossa carne, vos vivificou juntamente com ele, perdoando-vos todas as vossas ofensas, havendo riscado a cédula que era contra nós, nas suas ordenanças, a qual de alguma maneira nos era contrária, e a tirou do meio de nós, cravando a na cruz. E, despojando os principados e potestades, os expôs publicamente, e deles triunfou em si mesmo."

Primeiro ele usa a metáfora da restauração da vida – "Deus vos vivificou juntamente com Cristo." O Evangelho de João usa a linguagem do novo nascimento para captar o mesmo tema. Engraçado que nós usamos as palavras *nascido de novo* e *nascido do alto* para tentarmos expressar o dom da graça plena de perdão de pecados. As fórmulas de Credo usam a palavra técnica *regeneração* para tentar capturá-lo.

Segundo, Paulo usa a metáfora de perdão de pecados – "Ele perdoou todos os nossos pecados." Note que Deus é o sujeito da frase – só poderia ser a graça! Para tentar dar força ao significado de perdão, Paulo acrescenta algumas metáforas adicionais. Ele refere que a nossa dívida que se erguia contra nós nos registos foi apagada – apagada, cancelada. Ele falou então da desarmação de todas as potestades e principados que nos mantêm emprisionados no pecado. As potestades sem poder são colocadas a público como sendo inofensivas. Cristo triunfou sobre eles na cruz.

Que celebração de liberdade a graça providencia! Paulo celebra-a em Gal 5:1 "Estai, pois, firmes na liberdade com que Cristo vos libertou, e não torneis a meter-vos debaixo do jugo de servidão".

Aceitar a Cristo como Salvador (outra forma de expressar estas ideias que sublinham a função crítica da fé) é um momento tão profundo que a vida é diferente para sempre. A remoção da culpa e o pagamento pelos pecados, que são do nosso lado borrados no livro do juízo, abre as possibilidades para a formação espiritual. O encontro crucial e dramático com a graça salvífica em Cristo é a entrada exclusiva para o crescimento espiritual!

> **Enquanto algumas tradições falam sobre a "obra de cal" que a expiação realiza, Wesley toma literalmente as promessas bíblicas da santificação.**

A restauração para o relacionamento é somente o começo da obra da graça nas nossas vidas. O novo ponto de vista cria a possibilidade da graça funcionar em todas as áreas das nossas vidas. Um exuberante jovem cristão estava a testificar da mudança tremenda na sua vida e disse: "Quando aceitei a Cristo como Salvador afectou todas as torneiras da minha personalidade." Ele queria dizer "facetas" em vez de "torneiras", mas eu gosto da ideia. Todas as torneiras do nosso ser vomitam água nova depois de Cristo ter vindo às nossas vidas!

3. A Graça Funciona Quando Somos Santificados

O optimismo da graça no modo wesleyano não termina com reconciliação através do perdão dos pecados. Enquanto algumas tradições teológicas falam da "obra de cal" que a expiação realiza (um escritor usa a analogia da neve que cobre o quintal para fazer que isto pareça bonito, Wesley toma literalmente as promessas bíblicas da santificação.

> O Novo Testamento e John Wesley falam com uma voz ao proclamar que o grande propósito de redenção é restaurar o homem à imagem de Deus ... o processo total da santificação do seu começo no novo nascimento, a sua "perfeição em amor" na inteira santificação, e seu desenvolvimento progressivo para a salvação final tem como objectivo a restauração do homem ao seu destino original.[1]

A graça que nos prepara para ouvirmos e responder à chamada de Deus e a graça salvífica que traz o novo nascimento e a reconciliação leva directamente à graça santificadora na qual a imagem de Deus é restaurada mais plenamente.

Pertencer Exclusivamente a Deus

A graça santificadora capacita-nos a ganhar novamente a possibilidade de pertencermos exclusivamente a Deus e somente a Ele. Quando nos submetemos à Sua perfeita vontade e dedicamo-nos a fazer a Sua vontade, sem deixar qualquer cláusula do contrato escapar, estamos livres para amar a Deus com todo o nosso coração, alma, mente e forças (Marcos 12:30). O pervertido amor-próprio que levou à evasão, negação e engano é dissolvido pela obra expiatória de Cristo. A obediência à perfeita vontade de Deus é agora o alvo primário. O problema da rebelião interior foi resolvido na cruz.

Livres do domínio-Próprio Pecaminoso

A graça santificadora livra-nos também da devastadora condição do domínio-próprio. A liberdade do domínio do pecado é a liberdade fundamental: "Porque se fomos plantados juntamente com ele na semelhança da sua morte, também o seremos na sua ressurreição; Sabendo isto, que o nosso homem velho foi com ele crucificado, para que o corpo do pecado seja desfeito, para que não sirvamos mais ao pecado. Porque aquele que está morto está justificado do pecado" (Romanos 6:5-7).

A linguagem do novo Testamento anuncia uma poderosa e completa vitória sobre o pecado e seu domínio. Os textos incluem verbos decisivos tais como "destruir" "purgar," "limpar" e "abolir." "Portanto, agora, nenhuma condenação há para os que estão em Cristo Jesus que não andam segundo a carne, mas segundo o espírito. Porque, a lei do espírito de vida, em Cristo Jesus, me livrou da lei do pecado e da morte" (Romanos 8:1-2).

Robin Maas resume esta maravilhosa obra da graça nestes termos: "As consequências do pecado original infectam toda a camada do nosso ser ... o pecado que se inflama no centro do nosso ser só pode ser erradicado na fornalha do amor de Deus."[2]

A Graça da Perfeição Cristã

A linguagem de "prosseguir para a perfeição" – que John Wesley preferia – é profundamente escriturística. Jesus chocou os seus ouvintes com uma linguagem semelhante. Quando Jesus falava com o jovem rico, disse: "Se queres ser perfeito, vai, vende tudo o que tens e dá aos pobres, e terás um tesouro no céu; e vem e segue-me" (Mateus 19:21). O jovem rico foi-se embora entristecido.

Robin Maas captou bem o conceito do Novo Testamento sobre a perfeição cristã:

"Considerando que a personalidade moderna busca o preenchimento por um processo de descobrimento próprio, os cristãos primitivos buscavam o preenchimento – ou mesmo a inteireza – por um processo de formação, que é, através de um tipo de formação ou molde do ego ... O modelo que governava a formação era Jesus Cristo."[3]

> O optimismo radical da graça da espiritualidade Wesleyana é possível por causa da presença energizante do Espírito Santo

O escritor de Hebreus passa muito tempo a falar sobre a perfeição do próprio Jesus Cristo. O Grande Dia de Expiação, de acordo com Levítico, requeria a mais elaborada preparação para se qualificar a sumo-sacerdote a fim de comparecer perante ao Santo dos Santos. O escritor aos Hebreus anuncia a perfeita qualificação de Jesus para ser o sumo-sacerdote para resolver o irritante problema da nossa natureza pecaminosa. (Hebreus 5:7-9).

Jesus, o perfeitamente qualificado sumo-sacerdote da nossa salvação, providência a graça santificadora que nos qualifica ao "trono da graça, para que possamos alcançar misericórdia e achar graça, a fim de sermos ajudados em tempo oportuno" (Hebreus 4:16).

John Wesley ensinou que a perfeição era o amor humilde, gentil, e paciente a Deus, e ao nosso próximo, "regendo os nossos temperamentos, palavras e acções." Robin Maas resume o entendimento da *perfeição* em Wesley.

Por "perfeição" Wesley referia-se àquela mesma devoção somente a Deus que ele primeiramente encontrou em Taylor e Law – uma pureza absoluta de *intenção* que se expressou em amor pelo bem e uma aversão ao pecado. Um cristão perfeito, de acordo com esta definição, não era alguém livre das limitações da condição humana; ... Em vez disso, a perfeição, segundo o entendimento de John Wesley, era reflectida na pureza de intenções para com Deus e conferia a liberdade de deixar de cometer pecados conhecidos ou *conscientes*. Esta pureza de intenções não é consequência do esforço humano, é o dom da graça transbordante e preveniente de Deus. A perfeição é a obra do Espírito *em* nós – uma obra que requer a nossa plena cooperação se a esperada transformação for acontecer.[4]

Relacionamento Apropriado com o Próximo e com o Mundo

A graça santificadora capacita-nos também a seguir o segundo grande mandamento. De acordo com Jesus a nossa primeira obrigação é amar a Deus e o segundo "é amar ao próximo como a nós mesmos" (Marcos 12:31).

O poder divisivo do pecado que nos separou de Deus também criou divisões nas relações no plano humano. Agora a graça santificadora torna-nos outra vez livres para amarmos uns aos outros. Toda a possibilidade da unidade do Corpo de Cristo está contida nesta maravilhosa provisão da graça santificadora.

Estilo de Vida de Integridade e Consistência Ética

A graça santificadora torna possível a nova profundidade de obediência a Deus marcada pela integridade e consistência ética. O Novo Testamento destaca esse padrão de vida desde o princípio ao fim. Jesus, no Sermão do Monte, dá nos um alto padrão quando diz: "Sede vós, pois, perfeitos, como é perfeito o vosso Pai que está nos céus" (Mateus 5:48). Ele está a ecoar o grande mandamento do código levítico: "Porque eu sou o Senhor, vosso Deus; porquanto vós vos santificareis, e sereis santos, porque eu sou santo ... " (Levítico 11:44).

Paulo, em cada uma das suas epístolas, assegura um alto padrão de vida para a pessoa que ama exclusivamente a Deus. Por exemplo, depois de uma longa lista de características da vida à parte do Espírito, no quinto capítulo de Gálatas, Paulo faz uma lista de marcas distintas do cristão. "Mas o fruto do Espírito é: amor, gozo, paz, longanimidade, benignidade, bondade, fé, mansidão, temperança, contra estas coisas não há lei. E os que são de Cristo crucificaram a carne com as suas paixões e concupiscências. Se vivemos no Espírito andemos também no Espírito" (Gálatas 5:22-25).

A profunda gratidão por estas novas liberdades debaixo da graça caracteriza todos os níveis de um viver santo. Que maravilha que a nova vida no Espírito é marcada pela harmonia interna e externa!

A Graça Operando Através do Espírito Santo

O optimismo radical da espiritualidade wesleyana é possível por causa da presença dinâmica e energizante do Espírito Santo na vida da pessoa que está santificada. "Para Wesley, o alvo do Espírito não era nada menos que a total transformação do indivíduo e da sociedade. A humanidade decaída foi chamada à santidade de coração e à santidade de vida – para uma perfeição interna e visível, expressão externa de amor ao próximo a qual Wesley gostava de chamar de 'santidade social'."[5]

Todas estas características da nova vida no Espírito são tornadas possíveis pela graça. Fora da graça que nos é imputada por Deus através do Espírito Santo, estamos falidos e quebrados. Vivendo pela graça, somos livres para viver uma vida que agrada a Deus, abertos para ministrar e servir aos que nos rodeiam, prontos para viver em harmonia connosco e com o nosso mundo. Então encontramos o caminho - o caminho que leva à auto-estrada da santidade.

ENCONTRAR A GRAÇA SALVÍFICA E SANTIFICADORA

1. Como Encontro a Graça Salvífica?

Deus deseja salvá-lo dos seus pecados e trazê-lo a um relacionamento redentor com Ele, ou seja, dar-lhe a vida eterna. Não há nada que possamos fazer para ganhar ou merecer a salvação. "Porque pela graça sois salvos, por meio da fé, e isto não vem de vós, é dom de Deus. Não vem das obras, para que ninguém se glorie" (Efésios 2:8-9). Não obstante, devemos abrir os nossos corações para recebermos o dom da graça.

Durante 2000 anos, os pecadores têm experimentado a graça salvífica ao abrir os seus corações para Deus desta maneira escriturística:

A. Confesse que é um Pecador Culpado

"Todos nós andávamos desgarrados como ovelhas; cada um se desviava pelo seu caminho" (Isaías 53:6). "Porque todos pecaram e destituídos estão da glória de Deus" (Romanos 3:23).

B. À Sua Confissão Adicione o Arrependimento

Isto é, "abandone" os seus pecados. Arrependimento significa dar uma volta e tomar uma outra direcção. Renunciar os seus caminhos pecaminosos e voltar para Deus. "Se não vos arrepender todos de igual modo perecereis" (Lucas 13:3). "O Senhor ... não querendo que alguns se percam, senão que todos venham a arrepender-se" (2 Pedro 3:9). "Mas Deus ... anuncia agora a todos os homens de todos os tempos, que se arrependam" (Actos 17:30).

C. Creia em Jesus Cristo como Seu Salvador

Creia que Jesus morreu por si e que o amor e a graça de Deus é estendida até a um pecador como você. "Porque Deus amou o mundo, de tal maneira, que deu o seu Filho unigénito para que todo o que nele crê não pereça mas tenha a vida eterna" (João 3:16).

Aceita-O como Salvador e Senhor. Receba o Seu dom de graça salvífica, e ponha a sua confiança n'Ele. A partir deste dia em diante, não confie nas suas habilidades, na sua conta bancária, ou na sua carreira. Em vez disso, a sua esperança e confiança estarão em Jesus Cristo.

D. Receba o Testemunho do Espírito

O Espírito de Deus dá-nos uma segurança interna profunda de que os nossos pecados são perdoados e de que já fomos adoptados na família de Deus. "O mesmo Espírito testifica com o nosso espírito, que somos filhos de Deus" (Romanos 8:16).

2. Como Encontro a Graça Santificadora?

A. Saiba Que É A Vontade de Deus.

"Porque esta é a vontade de Deus; a vossa santificação" (1 Tessalonicenses 4:3). Alinhe a sua esperança e as suas espectativas com a oração de Paulo aos crentes tessalonicenses. "E o mesmo Deus de paz vos santifique em tudo; e todo o vosso espírito, e alma, e corpo, sejam plenamente conservados irrepreensíveis, para a vinda do nosso Senhor Jesus Cristo" (1 Tessalonicenses 5:23).

B. Convide Deus para Preparar o Seu Coração

Deus irá levá-lo fielmente a ver a profundidade do seu pecado – que a pecaminosidade interior que guerreia contra a alma, mesmo depois dos actos de pecado terem sido perdoados. Ele usará a fome profunda da sua própria alma para o guiar. Quando Ele o tiver levado ao lugar de amor para com Deus, de todo o seu coração, alma, mente e forças, Ele vai-lhe outorgar a graça santificadora, purificando o seu coração e enchendo-o do Seu amor. A promessa é verdadeira – "Se andarmos na luz, como ele na luz está, temos comunhão uns com os outros, e o sangue de Jesus Cristo seu Filho, nos purifica de todo o pecado" (1 João 1:7).

C. Complete a sua Consagração

A consagração completa a Deus não é fácil, mas é o único acesso à liberdade e segurança que a graça oferece. Para mim, entrar no portão estreito da inteira consagração foi complicado durante anos de desempenho na igreja. Agindo às vezes devotamente, noutras alturas, de forma rebelde, foi um enigma tal que comecei a enganar-me a mim mesmo. Finalmente, um dia no altar do Seminário Teológico Nazareno, pude genuinamente dedicar-me a Deus. Fui até à fronteira do Seu amor – fronteiras para sempre gravadas em vermelho na Cruz. Experimentei o optimismo radical que a Bíblia descreve e que Wesley pregou!

D. Espere a Graça Santificadora Instantaneamente pela Fé.

Soa como um processo gradual de crescimento, e requer tempo para Deus preparar os corações dos crentes. Mas o testemunho do povo de Deus ao longo dos séculos quase sempre declara que a graça santificadora vem instantaneamente, depois do crente, de uma vez por todas, se ter consagrado completamente e ter aberto o mais profundo do seu coração no fogo purificador do Espírito.

E. Siga Pacientemente a Fome da Tua Alma

Se segue a mais profunda fome da sua alma, Deus irá conduzi-lo à graça santificadora e a um rico relacionamento com Ele. Busque de todo o seu coração, sem se irritar nem atormentar. Resista contra os esforços de pessoas zelosas que o levam a clamar pelas suas bênçãos prematuramente.

Entretanto, não coloque a sua vida cristã em espera. John Wesley ensinou que a maneira de "esperar" pela inteira santificação é a de se lançar aos "actos de piedade" (oração, adoração, ouvir sermões, comunhão) e aos "actos de misericórdia" (alimentando o faminto, instruindo o fraco, dando de vestir ao que está nu, visitando os doentes).

Pode confiar em Deus para dar-lhe a Sua graça santificadora – graça que Cristo providenciou através da Cruz.

ᔕ Para Reflexão Pessoal e Acção ᔓ

1. Estudo Bíblico

Leia estas Escrituras com um coração aberto.
Ef. 2:1-10
Gal. 5:1, 22-25
2 Tess. 5:23-24

2. A Oração do Pecador

Se não é salvo, confesse todos os seus pecados conhecidos a Deus. Confesse a sua condição espiritual e a sua necessidade de ser resgatado por Jesus Cristo.

Deve saber duas coisas. (1) É pecador e (2) Jesus Cristo é o Salvador.

Use a "oração de Jesus" como o "arranque" para a sua oração de confissão. "Senhor Jesus Cristo, Filho de Deus, tenha misericórdia de mim, um pecador."

Se já é Cristão nascido de novo, ofereça a oração de acção de graças pela graça salvífica de Deus.

3. Uma Oração para a Graça Santificadora

Se já é salvo, e se sente guiado pelo Espírito a fazê-lo, faça esta oração para a graça santificadora para si mesmo e ouse crer que Deus o ouvirá e responderá.

"Ó Deus eu abro o meu coração até às suas profundidades perante Ti. Lava pelo fogo do Teu Espírito qualquer coisa que não é semelhante a Cristo. Purga as minhas atitudes, o meu espírito, as minhas afeições. Consome toda a minha pecaminosidade.

Enche-me com o Teu amor até eu amar até aqueles que me perseguem ou maltratam. Faz de mim uma chama de amor divino.

Leva tudo o que é meu – não retenho nada. Não clamo nenhum direito para com a minha riqueza, posição ou reputação. Dou-Te o meu corpo, a minha alma, a minha liberdade, os meus amigos e a minha vida. Faz de mim o que Te apraz, desejo somente conhecer-Te melhor e servir-Te por toda a eternidade, no nome de Jesus meu Salvador eu oro, Amém.

Se já recebeste a graça santificadora faça da oração precedente um acto de rededicação. Faça deste hino parte das suas devoções nesta semana. "Mais Puro que a Neve" (Hino 256 do *Louvor e Adoração*).

PARTE II
Encontrando Recursos para a Jornada

*... crescer à Semelhança de Cristo,
usar as disciplinas espirituais ...*

◊

Vigie então. Porque a vida no tempo não é um tropeço de uma epifania extática para o outro. A tarefa enorme é manter os seus olhos abertos, o seu pavio elegante, a sua candeia acesa.
—Virginia Stem Owens

◊

Oração, ... buscar as Escrituras ... e receber a Ceia do Senhor ... estas acreditamos ser ordenanças de Deus, como os meios comuns de levar a Sua graça às almas dos homens.
—John Wesley

◊

O alvo e a substância da vida espiritual não é o jejum, a oração, cantar hinos, a vida simples, e por aí adiante. Em vez disso, é o pleno e eficaz gozo do amor activo de Deus e da humanidade.
—Dallas Willard

Introdução à Parte II

Disciplinas Espirituais: Os Meios Da Graça

O apóstolo Paulo testificou: "Mas pela graça de Deus sou o que sou; e a sua graça para comigo não foi vã, antes trabalhei muito mais do que todos eles, todavia, não eu, mas a graça de Deus que está comigo." (1 Coríntios 15:10). Ele foi rápido a reconhecer que os dons da graça de Deus eram a fonte que originou e sustentou toda a sua vida. Ele foi rápido a reconhecer que toda a sua vida foi produto da graça e somente da graça.

Se a formação espiritual no seu todo é um produto da graça, para onde nos dirigimos para encontrarmos recursos para a jornada? Como é que os discípulos e a graça se intersectam? Se o relacionamento é um dom puro da graça, porque é que são necessárias disciplinas?

Quando estudamos Jesus como nosso modelo e mestre reconhecido da vida espiritual, imediatamente vemos como Dallas Willard diz: "as actividades que constituem a esperança dos discípulos *não têm valor em si mesmas*. O alvo e a substância da vida espiritual não é jejum, a oração, cantar hinos, a vida simples, e por aí adiante. Em vez disso, é o gozo pleno e eficaz do amor activo de Deus e da humanidade, em todas as tarefas normais da experiência diária onde somos colocados." Ele continua, ao declarar que a pessoa espiritualmente avançada não é a que se envolve em muitas e muitas disciplinas, que as pessoas que pensam que são espiritualmente superiores porque praticam disciplinas tais como o jejum ou o silêncio estão inteiramente a falhar o ponto.[1]

Num determinado tempo comecei a pensar que a indulgência nas disciplinas espirituais era mesmo uma forma disfarçada de egoísmo. Num período de silêncio no grupo de adoração, o Espírito claramente levou-me a reconhecer os problemas envolvidos. Mais tarde naquele dia escrevi as seguintes palavras no meu diário: "Para nutrir o próprio ser é pela graça e disciplina para criar boas condições nas quais a voz de Deus, a chamada de Cristo para o Reino, a obra capacitadora do Espírito Santo e as necessidades do mundo à justa posição efectiva, tensão criativa, e ritmo reforçante são o contexto-específico e personalidade específica."

As disciplinas não são os fins em si mesmas mas criam as condições nas quais a graça pode fluir mais livremente. As disciplinas são de facto, somente "meios da graça".

John Wesley regularmente falava dos "meios da graça" através dos quais Deus forma e guia as nossas vidas pelo bem do reino. "Por 'meios da graça' entendo sinais externos, palavras, ou acções ordenadas de Deus, e apontadas para este fim, para serem canais comuns por onde o homem pode ser levado à graça preveniente, justificante e santificante."[2] Ele compreendia que não havia mecânico ou mágico desembolso da graça em tais práticas, mas que Deus as usa para alimentar e sustentar o nosso relacionamento com Ele e para nos formar espiritualmente.

O nosso propósito na Parte II é identificar as disciplinas fundamentais que Deus usa para dispensar graça às nossas vidas. Personalidades diferentes receberão a graça de maneiras diferentes, à medida que o Espírito Santo unicamente as acomoda nas nossas vidas e circunstâncias. É crucial que estas disciplinas fundamentais se tornem a parte central da estratégia para a formação espiritual.

Reconhecendo que toda a formação espiritual cresce no relacionamento com Deus, a disciplina fundamental através da qual a graça flui para as nossas vidas é a adoração. Os meios da graça relacionados são o estudo da Palavra de Deus, a oração, a meditação e ter um diário. Preste especial atenção ao capítulo 8, que se foca nas distracções que devem ser removidas para permitir que a graça renove as nossas vidas.

Por definição, os relacionamentos variam de pessoa para pessoa dependendo do contexto e das personalidades. A maravilha da graça de Deus é que cada um de nós tem a permissão de crescer no relacionamento com Deus à luz das nossas preferências, contextos e unicidades – seja na adoração ou na oração ou tendo um diário ou estudando a Bíblia.

A adoração é o meio essencial e crucial da graça que
dá cor e foco a todos os outros meios da graça.

4

Encontrando Deus na Adoração

Cinquenta por cento dos membros da igreja nos Estados Unidos não vão aos cultos de adoração com regularidade. Qualquer ostentação que possam fazer sobre dedicação a Deus é contradita pela sua prática.

A adoração é crucial para qualquer padrão de formação espiritual. É uma actividade revolucionária e subversiva no nosso mundo contemporâneo. Annie Dillard escreveu: "Os recepcionistas deveriam fazer salva-vidas e sinalizadores; eles deveriam nos amarrar aos nossos bancos. Para ... que o Deus vivo possa nos levar para onde nós nunca podemos voltar."[1]

Há alguns anos atrás, estava a reflectir nos padrões da minha vida na década anterior. Eu era ciente de uma cura profunda e permanente a operar na minha vida. Pensei que compreendia muitas partes daquele processo. De repente, compreendi que a cura tinha sido particularmente mediada pela participação na Ceia do Senhor. Pude identificar pelo menos uma dúzia de diferentes cultos de Santa Ceia nos quais a presença do Senhor tocou e reorientou a minha vida. Louvado seja Deus!

A primazia da adoração na vida da igreja, tem sido muitas vezes notada na literatura ao longo dos séculos. Provou ser muito mais difícil manter essa primazia na prática. Um homem sábio uma vez disse: "A jóia que faz falta no evangelismo é a adoração."[2]

A Chamada do Alto

Algumas definições de adoração

Para compreendermos o papel da adoração na formação espiritual, vamos rever algumas definições da adoração. Aqui está a definição de William Temple:

Adorar a Deus é:
Acelerar a consciência pela santidade de Deus.
Alimentar a mente com a verdade de Deus.
Purgar a imaginação pela beleza de Deus
Abrir o coração para o amor de Deus
Devotar a vontade para o propósito de Deus.[3]

Evelyn Underhill escreveu: "A adoração, em todos os seus graus e tipos é a resposta do criador à eternidade."[4] Outra vez, a ênfase está na orientação da nossa adoração. Uma das palavras alemãs frequentemente encontradas nas discussões sobre adoração é *Gottesdienst*.[5] A palavra conota o serviço que devemos a Deus. A palavra inglesa *liturgy*, significava originalmente o serviço que um cidadão devia à sociedade da qual fazia parte. Quando a palavra é usada com referência à adoração refere-se ao serviço que as pessoas devem – a Deus.

Robert Webber providencia uma abordagem fascinante à adoração através de oito princípios:

1. A adoração celebra Cristo – a obra definitiva de Deus em Cristo.

2. A adoração conta e demonstra o evento de Cristo.

3. No processo da adoração, Deus fala novamente para tocar e curar e tornar completo.

4. A adoração é um acto de comunicação, interacção com Deus. O propósito divino confirma o povo de Deus na fé e comunidade.

5. Na adoração respondemos a Deus e uns aos outros.

6. Devolver a adoração às pessoas. Uma aproximação passiva à adorararação é negar a acção divina no nosso meio. É exigida a adoração participativa.

7. Toda a criação junta-se na adoração.

8. A adoração como estilo de vida. A adoração não é simplesmente uma coisa que fazemos ao Domingo, mas deve ser um estilo de vida – até que todas as nossas vidas sejam expressões de gratidão e celebração a Deus.[6]

Encontrar a Deus na Adoração

John Burkhart diz que a adoração é "a resposta celebrativa ao que Deus fez, está a fazer e promete fazer."⁷

A Perspectiva Bíblica Para a Adoração

Há uma grande variedade de palavras para a adoração na Bíblia. As palavras incluem ideias como: curvar-se, servir, adorar, fazer sacrifício, reverência e temor. O Velho Testamento está cheio de convites à adoração. O Deus santo chama pelo povo santo que O adora em temor e tremor. O salmista é particularmente vocal sobre as suas lutas e reclamações, mas ele move-se repetidamente para a adoração.

> O fracasso na preparação do coração, mente e corpo para adoração é fazer de si mesmo um surdo para as coisas do Espírito.

O 96º Salmo é um dos meus favoritos. Nos versículos 1, 9 e 10 lê-se: "Cantai ao Senhor um cântico novo, cantai ao Senhor, todos os moradores da terra ... Adorai ao Senhor na beleza da santidade; tremei diante dele todos os moradores da terra. Dizei entre as nações; o Senhor reina".

A mensagem do Novo Testamento é que o acesso à presença divina já foi maravilhosamente enriquecido e capacitado pela morte e ressurreição de Cristo. O próprio Jesus identifica o texto central do Velho Testamento como: "Amarás, pois, ao Senhor, teu Deus, de todo o teu coração, e de toda a tua alma, e de todo o teu entendimento e de todas as tuas forças" (Marcos 12:30). Depois cita o amor pelo próximo como o segundo grande mandamento.

O primeiro dia da semana tem-se tornado, para sempre, a celebração da adoração pela ressurreição de Cristo. Tornou-se conhecido como o Dia do Senhor. As festas de amor e a Ceia do Senhor tornaram-se a "base e o objectivo de todas as reuniões."⁸

A comunidade adoradora no livro de Actos está na essência e no centro do alcance da Igreja Primitiva. Os cristãos primitivos aceitavam correr todos os riscos para estarem juntos em adoração.

O escritor aos hebreus sublinha particularmente o acesso a Deus como "novo e vivo caminho" (10:20). Agora podemos "Cheguemo-nos, com verdadeiro coração, em inteira certeza de fé, tendo os corações purificados da má consciência, e o corpo lavado com água limpa" (v. 22). A adoração já se tornou uma celebração da obra completa de Cristo por nós. O temor estremecedor quebra-se em confiança e liberdade para chegarmos diante do trono de Deus em corpo (4:16).

Quando a catástrofe final do Apocalipse começa a chegar a um crescendo, da mesma forma acontece com a adoração. O clímax do fim dos tempos será um poderoso culto de adoração celebrando a vitória final sobre o mal nas bodas nupciais do Cordeiro.

A Adoração Como um Meio da Graça

Uma das alegrias principais da vida é a participação num culto de adoração no qual a presença de Deus é tão *visível* como as pessoas com as quais adoramos. Coração, mente, alma e corpo são todos afectados. Saímos com a confiança de que a vida vai ser diferente, como resultado deste encontro com Deus. Experimentamos verdadeiramente a adoração como "meio da graça".

Quando nos aproximamos da adoração como um dever ou como algo a fazer, a possibilidade de sentir a graça é grandemente reduzida. Chegar à adoração, antecipando a recepção da graça para necessidades imediatas muda a perspectiva e o processo.

Wesley incluiu a Ceia do Senhor na sua lista de meios da graça instituídos. Ele compreende *instituídos* para dizer que são os meios da graça que foram especificamente fundamentados nas instruções de Cristo. Ao longo dos séculos, a igreja tem designado uma grande variedade de meios da graça em reconhecimento a muitas e várias maneiras nas quais Deus opera. Deus muitas vezes toca nas nossas vidas de maneiras inesperadas através de meios inesperados.

Rob Staples oferece uma perspectiva útil sobre os meios da graça: "Todos os meios da graça devem ser definidos pelo evento de Cristo. A Palavra (escrita e pregada) é um meio da graça porque o seu centro está em Cristo, a Palavra Viva. A oração é um meio da graça porque é a oração no nome de Cristo. Certamente os sacramentos são inseparáveis da obra de Cristo... Cristo é assim o poder reinante dos meios da graça."[9]

> A adoração que não Resulta em
> Louvor não é Digno desse Nome

Se Cristo é "o poder reinante dos meios da graça", então a adoração está no centro de todos os meios da graça. Todos os aspectos da vida da igreja (evangelismo, educação, ministério de compaixão, etc.) encontram o seu centro e definição na adoração.

Encontrar a Deus na Adoração

Negligenciar a adoração como procedimento fundamental na formação espiritual, é convidar à anemia espiritual. A formação espiritual clama por tempo diante de Deus na comunidade. Ao orarmos juntos, crescemos juntos. Nos dias em que as nossas vidas são secas e estéreis, a oração da comunidade enriquece e eleva-nos. Naqueles dias em que a nossa vida espiritual é vibrante, enriquecemos e elevamos os outros.

O Corpo de Cristo foi designado por Deus para a adoração. Paulo falou da comunidade em termos de templo. "Não sabeis vós que sois o templo de Deus, e que o Espírito Santo habita em vós? ... o templo de Deus que sois vós é santo" (1 Coríntios 3:16-17).

A adoração para o crescimento espiritual é o lugar onde o amor nos torna um na presença de Deus. Maria Harris escreveu: "O ministério da comunidade ... é o ministério que nos leva à cura de divisão, para ultrapassarmos a divisão e no final de tudo levar-nos a alcançar a plenitude."[10]

RECEBENDO A GRAÇA ATRAVÉS DA ADORAÇÃO

A maioria dos escritos sobre os meios da graça referem que o processo de receber a graça não é automático. Rob Staples relembra-nos: "Wesley foi cuidadoso ao deixar claro que os meios da graça ... têm valor para nós somente quando vemos que a nossa salvação ... é somente a obra de Deus. Esse é o significado da graça – Deus faz por nós o que não podemos fazer por nós mesmos."

1. Preparação para a Adoração

Como era costume, caminhei reverentemente para a minha igreja. Sentei-me de cabeça para baixo, e comecei a preparar o meu coração para a adoração. Uma irmã deu-me um empurrão com a sua mão e disse: "Acorda que o culto ainda não começou." Fiquei frustrado com a interrupção e entristecido pela pessoa que vinha para o culto com tão pouca preparação.

Compreender o culto de adoração como um encontro com Deus, o Criador do universo, deve formar uma certa quantia de temor. Para compreender a adoração como uma oportunidade de receber a graça para a minha mais profunda necessidade devo ter uma atitude de antecipação.

Durante os últimos 15 anos tenho participado nos tempos de oração de Domingo de manhã. Um grupo de nós, reunia-se às 7 da manhã para partilhar os nossos fardos comuns, para fortalecer a fé de cada um e especialmente para orar pelo culto do dia. Sempre oramos pelo pastor - muitas vezes impondo-lhe as mãos antecipando o dia.

Vi que estes encontros de oração de Domingo de manhã antes do começo do culto tornaram-se em preparação especial para a adoração.

Ajudam-me a entrar no santuário com um coração e uma mente quietos. Oro para que possa oferecer uma adoração apropriada a Deus. Oro para que possa estar aberto à voz e graça de Deus, para uma oportunidade de tornar-me veículo da graça de Deus para os que adoram comigo.

Estou convencido que a falha na preparação do coração, mente e corpo para a adoração, é a razão pela qual muitos cultos evangélicos se tornam rotineiros e desanimadores. Pessoas não preparadas estão normalmente surdas para as coisas do Espírito.

2. Louvor e Cânticos

Um dos génios da adoração no formato wesleyano é o papel significativo da música. A habilidade de Wesley de fazer teologia e compreender o impacto da Palavra de Deus na vida, coincide com a habilidade do seu irmão Charles, para pôr essas ideias numa canção. Como Martinho Lutero durante a Reforma, os Wesleys usaram literalmente a teologia na canção para salvar a Inglaterra da revolução que saqueou Europa.

O escritor de Hebreus escreveu: "Portanto, ofereçamos sempre, por ele, a Deus sacrifício de louvor" (Hebreus 13:15).

A adoração começa no louvor a Deus que emanou a Sua graça em nós em Cristo Jesus. A adoração que não resulta de louvor não é digna desse nome.

Deus, graciosamente, providenciou uma grande variedade de músicas como veículo de louvor. Na capela do Seminário Teológico Nazareno, o som dos estudantes a cantar "And Can it Be?" é suficiente para emocionar o coração da alma mais morta. A memória do coral de um colégio a cantar o terceiro verso de "Sou Feliz com Jesus, meu Senhor" ainda traz alegria ao meu coração. O louvor autêntico flui do coração da pessoa que andou pelo vale da sombra da morte e encontrou lá o salvador.

Tenho sido profundamente movido pela natureza do louvor no estudo de Salmos de Walter Brueggemann. Ele discute a maneira na qual a vida pode roubar-nos a esperança e o louvor.[12] Ele fala de louvor como "fazer o mundo" no meio de corrente tensão. "O louvor tem o poder de transformar a dor. Mas, reciprocamente, a dor presente também mantém honesto o acto de louvor. A dor cria o contexto no qual nos dispomos a confiar em Deus para fazer "coisas novas" por nós. Brueggeman declarou: "Assim, proponho que *o acesso à vida é maioritariamente através da resistente porta da dor* ... O louvor acontece sempre no meio da irredutível realidade da dor. A dor *no centro do louvor* tem garantia teológica em Israel nos gritos de dor, raiva, dúvida, vingança e isolamento. O mais importante, são gritos, não enterrados, não abafados, mas gritos dirigidos à realidade da vida."[13]

> **Que momento este na igreja e na criação, quando a igreja chega, através do canto, a um futuro improvisado e fresco!**

Se Israel pode cantar ao Senhor na beleza da santidade (Salmos 94), a nova criatura em Cristo pode cantar, louvar e celebrar com ainda maior profundidade. A cruz e o túmulo aberto são a demonstração de que Deus ainda está a operar no nosso meio.

"Que momento este na igreja e na criação, quando a igreja chega, através do canto, a um futuro improvisado e fresco! ... É um momento de ameaça e de cura, de destruir e edificar, de lamentar e rir, de luto e dança, de deitar fora e de manter, de buscar e de perder. É um barulho de alegria – por todas as coisas novas." [14]

3. Orar Juntos

A adoração autêntica inclui alguns momentos maravilhosos de oração. Quando o ministro ora a invocação e convida todos a manter silêncio ao nos sentarmos em preparação para adoração a Deus, juntamo-nos aos milhões que adoraram desde o começo dos tempos. É um momento fenomenal!

Quando a congregação se junta na oração que o nosso Senhor nos ensinou, há uma mistura de mentes e corações que não se pode encontrar fora da experiência de adoração. Uma das minhas memórias sagradas da adoração veio num dia quando estudávamos o Pai Nosso. Concluímos que todos os verbos na oração estão no imperativo (mandamento). Então, dizemos juntos a oração do Pai Nosso com toda a força dos nossos pulmões. Que grande experiência de adoração!

Quão poderoso é ser incluído numa oração de confissão que o pastor faz por nós! Sabemos do fundo dos nossos corações que não somos capazes de viver os ideais que temos para nós mesmos. Ter aquela abertura e entender que a graça toca as nossas vidas nessa altura, assim como no momento principal da adoração.

A oração pastoral tem sido uma alegria para mim. Quando o pastor serve como sacerdote e carrega toda a congregação até à presença de Deus, partilhamos as nossas alegrias, angústias e dores. O poder da Sua graça toca-nos a todos novamente!

4. A Pregação da Palavra

A igreja evangélica contemporânea parece estar a perder a habilidade de escutar a Palavra de Deus. Perdemos a nossa reverência por ela. Assim, ela deixa de ser um meio da graça para nós.

A adoração no contexto protestante é inconcebível sem a centralidade da Escritura. A graça de Deus é mediada a nós através da pregação da Sua Palavra. Precisamos recuperar a arte de escutar o ministério da Palavra como um meio de receber a graça.

Os críticos da pregação, aqueles "críticos censuradores do mundo," para usar uma frase de Shakespeare, parecem estar tranquilamente mal advertidos em relação ao alto lugar que a pregação tem na tradição cristã. Dietrich Bonhoeffer declarou: "A Palavra proclamada é o Cristo Encarnado ... o Cristo pregado é o Cristo histórico e o Cristo presente ... andando na Sua congregação como Palavra."[15]

"Assim identificado está Jesus, a Palavra, com a palavra da pregação," escreve Richard Lischer, "que aquele uma vez proclamado, torna-se novamente o proclamador. Assim como a pregação ... oferece a vida de Deus em Cristo, é o próprio Jesus o pregador."[16]

A Bíblia é o nosso registo da história divina. É nosso testemunho para Jesus Cristo. É o nosso guião e a nossa esperança. Pode determinar o conteúdo da nossa adoração e orientar os assuntos da vida diária.

Devemos ecoar o grito de Wesley. "Ó dê-me esse Livro." Há uma graça especial disponível no ouvir a Palavra no contexto da adoração!

5. Os Sacramentos

Robert Webber escreve: "Eu muitas vezes aconselho estudantes e amigos que estão a encarar tempos difíceis nas suas vidas a fugir para a eucaristia. O pão e o vinho são sinais de Deus. Eles são o que João Calvino chamou de penhores, testemunhas e sinais da graça e amor de Deus por nós."[17] Um pouco mais tarde escreveu: "Precisamos de vir à Mesa do Senhor com o sentido de antecipação, crendo que o Senhor encontrar-se-á connosco lá de uma forma única, que Ele curará as nossas feridas, ligará as nossas feridas e ministrará às necessidades."[18]

Rob Staples chama os sacramentos de "palavras vivas" e "símbolos operativos." Por "símbolos operativos" ele quer dizer "afirmar que não somente proclamam a verdade mas que através deles Deus *opera* um acto de graça correspondente àquela verdade."[19]

Reagindo à teologia da eucaristia da Igreja Católica Romana, tirámos o significado da Mesa do Senhor. Dizemos, de facto, "Isto é somente um processo simbólico. Nada realmente acontece aqui. É seguro vir a frente receber os elementos."

De facto, a graça de Deus está poderosamente presente na Mesa do Senhor. Ao participarmos nesta repetição do acto definitivo de Deus em Cristo, abrimo-nos para Deus inundar as nossas vidas novamente com a Sua graça. "E *com* fé, os sacramentos cumprem o que foram destinados a fazer – dão ao crente a graça de Deus. O 'sinal externo' e a 'graça interna' a trabalhar juntos –são eles que fazem um sacramento."[20]

Num retiro, foi-nos oferecido o pão e o sumo com as palavras: "Receba esta oferta da Sua graça." Respondemos: "Eu recebo esta oferta da Sua graça!" Que Cristo seja inteiramente formado em mim." E a graça fluiu outra vez nas nossas vidas.

6. Responder a Deus e Uns aos Outros

Uma demasiada familiaridade com Deus resultou numa insensibilidade para com Ele. A falha em reconhecer a transcendência de Deus resultou na ausência de temor. A nossa insensibilidade à presença do Seu Espírito resultou numa participação seca e mecânica na adoração.

> A adoração é a repetição do que Deus fez no passado, em antecipação ao que está para fazer num futuro imediato

A resposta principal deve ser uma consciência de que estamos na presença do Deus vivo – o Criador do universo, que enviou o Seu Filho unigénito para vir morrer por nós, o Deus cujo poder mudou para sempre o mundo naquela manhã da primeira Páscoa, o Deus que nos deu o Seu Espírito Santo no Pentecostes há tanto tempo.

Quando celebro o dom da presença de Deus, respondo àqueles com quem adoro. Oro, canto e escuto enquanto a graça de Deus flui para dentro e para fora e por todo o Corpo de Cristo.

Recentemente participei num culto de cura por um dos meus colegas que estava a enfrentar um medonho diagnóstico de dois tipos de cancro em simultâneo. Foi uma experiência poderosa para mim. Fiquei profundamente movido pela presença divina a ministrar.

Seis meses mais tarde, celebramos a cura de Deus na sua vida quando os médicos anunciaram (não sem a mesma surpresa e tentativa de "explicar" o anterior diagnóstico) que ele estava livre do cancro. O louvor no meio da dor foi outra vez visível.

7. Adoração corpórea e pessoal

Só falta dizer que a adoração corpórea é o centro da formação espiritual. No fim de contas, somos a Noiva de Cristo e o Corpo de Cristo rumo às bodas nupciais do Cordeiro.

Os padrões pessoais de adoração são importantes. Outros capítulos deste livro explorarão estes assuntos importantes. Mas Maria Harris está certa: "Um cristão não é um cristão; vamos juntos a Deus, ou não vamos de maneira nenhuma."[21] Isto não significa que a oração e adoração privadas são opcionais. Apenas acentua que, à parte de qualquer outra verdade acerca do que a igreja é, ela é uma comunidade adoradora.

❧ Para Reflexão Pessoal e Acção ❧

1. Quão Importante é a Adoração Corpórea?

A. Deus fala realmente através das pregações? Leia as citações de Dietrich Bonhoeffer sobre pregação. Escreva num cartão ou na sua Bíblia e leia-o antes da pregação do próximo Domingo. Ore para que a Palavra viva esteja no meio de Seu povo durante a pregação na parte da adoração. Escreva a citação agora para que não se esqueça.

B. Considere o que o capítulo 4 tem a dizer sobre o sacramento da Ceia do Senhor. Ao preparar-se para o próximo culto da Santa Ceia, o que mais precisa fazer?

1. Fazer disso um momento para confessar os seus pecados?
2. Fazer disso um momento onde confessa a sua fé em Cristo?
3. Fazer disso um momento para acção de graças por Cristo o ter redimido através de Seu corpo quebrado e derramamento de sangue?
4. Fazer disso um momento em que, como nunca antes, "somos um" na mesa do Senhor?
5. Tudo o que está acima escrito?

C. De que maneira tem experimentado a leitura pública das Escrituras, a oração pública e a música da adoração como experiência de nutrição?

2. Estudo Bíblico

A. Leia cuidadosamente Fil. 3:2-16

B. Nesta passagem, Paulo fala sobre os "que adoram a Deus em espírito, e glória em Cristo Jesus" (3:3). Note o tom, textura e natureza da adoração no testemunho de Paulo. Se a adoração é a resposta a Deus, de que maneira é que Paulo responde a Deus segundo o registo desta passagem?

C. Se estiver para liderar um culto de adoração construído em volta desta passagem, que hinos ou canções usaria? Se fosse o pregador, qual seria o título da sua pregação? Se tivesse que seleccionar de Fil 3:12-16 uma chamada para a adoração e uma bênção, que versículos usaria?

3. Para o seu diário

A. No diário da sua vida espiritual anote:

- Algo que neste estudo foi novo para si.

- Algo que tenha redescoberto.

- Algo com a qual concorda fortemente.

- Algo que o incomoda.

- Algo que o inspira ou conforta.

- Algo que acredite que o Senhor o está a chamar para fazer ou mudar.

B. Vale a pena lembrar – mantenha os bons materiais. Liste no seu diário uma citação particular do capítulo 4 ou da passagem bíblica estudada. Ou, porque não escreve a declaração "vale a pena lembrar" num *post-it* e o cola na porta do seu frigorífico?

> O Espírito de Deus não só Inspirou os que a escreveram mas continuamente inspira, sobrenaturalmente assiste os que a lêem em fervorosa oração.
>
> —John Wesley

5

Encontrando Deus na Palavra

Numa passagem do "In the Beginning," Chaim Potok descreve a celebração na sinagoga quando as leituras anuais do Pentateuco (os primeiros cinco livros da Bíblia) tinham sido completas. Naquela celebração, as palavras finais do Pentateuco e as palavras de abertura de Gênesis são lidas no mesmo culto.

No meio da liturgia os participantes dançam com os rolos da Torá. Potok reconta os pensamentos do herói jovem judeu à medida que reflecte a maravilha de segurar a Palavra de Deus, dada a Moisés no Sinai, nos seus próprios braços. Ele começa então a pensar nos seus amigos não judeus. Começa a pensar sobre como é que eles respondem à Bíblia. E depois ele assusta-se [e ao leitor] ao perguntar: "Será que os gentios dançam com as suas Bíblias?"

Devemos regularmente fazer a nós mesmos este tipo de perguntas. Que padrão de aproximação à Bíblia convidará a graça a moldar a minha vida? Como é que o meu uso da Bíblia enriquece ou diminui o ritmo do Espírito na minha vida? Como é que permitimos que a Bíblia "nos torne sábios"? As nossas vidas são realmente nutridas com a Palavra? Uma vez que a formação espiritual é uma outra forma de falar sobre o relacionamento com Deus, a alegria de ler a Sua revelação devia ser uma grande prioridade.

A Chamada do Alto

A Leitura Bíblica como Força Estabilizadora

O salmista escreveu: "Lâmpada para os meus pés é a tua Palavra, e luz para o meu caminho" (Salmos 119:105). Todo o 119º Salmo, de facto, é a celebração da suficiência e estabilidade que a Palavra providencia. Graças sejam dadas a Deus, pela Sua Palavra!

Em 2 Timóteo, Paulo escreve ao seu jovem colega. Ele avisa-o relativamente às influências de instabilidade e destruição. Paulo relembra a Timóteo da influência estabilizadora da Palavra de Deus numa linguagem clara (3:14-17):

> Tu, porém, permanece naquilo que aprendeste, e de que foste inteirado, sabendo de quem o tens aprendido. E que, desde a tua meninice, sabes as sagradas letras, que podem fazer te sábio para a salvação, pela fé que há em Cristo Jesus. Toda a Escritura, divinamente inspirada é proveitosa para ensinar, para repreender, para corrigir, para instruir em justiça; para que o homem de Deus seja perfeito, e perfeitamente instruído para toda a boa obra.

Será que os Cristãos dançam com as suas Bíblias?

O ensino *para a salvação* é um dom. O conhecimento do caminho para o relacionamento com Deus vem da Sua Palavra revelada. Quão maravilhoso é o privilégio de ter as Escrituras disponíveis em tão numerosas e diferentes traduções e paráfrases! Não há desculpas de não encontrarmos o nosso caminho até Deus.

Paulo sai do ensino inicial na salvação para alguns propósitos mais adiantados das Escrituras. "Toda a Escritura ... é proveitosa para ensinar, para repreender, para corrigir, para instruir em justiça."

A Bíblia torna-se a nossa *professora* para o entendimento da natureza do relacionamento com Deus. Ensina-nos a natureza da aliança de Deus de relacionamento pactual de Deus connosco. Ensina-nos a maneira na qual Deus deseja que vivamos. Ensina-nos a essência do relacionamento com Ele e com toda a Sua criação. Ensina-nos a andar perante o Senhor. A Bíblia é verdadeiramente a "Lâmpada para os meus pés e luz para o meu caminho."

A Bíblia serve também como *repreensão*. Passar tempo de qualidade na Palavra abrirá novos entendimentos sobre a maneira na qual nossas vidas falham em medir a chamada de Deus. A Bíblia é um espelho no qual vemos as nossas vidas reflectidas. O escritor aos Hebreus (em 4:12-13) notou que a Palavra de Deus não permite nenhuma negação ou evasão da verdade:

> Porque a Palavra de Deus, é viva e eficaz, e mais penetrante do que espada alguma de dois gumes, e penetra até divisão da alma e do espírito, e das juntas e medulas, e é apta para discernir os pensamentos e as intenções do coração. e não há criatura alguma encoberta diante dele; antes, todas as coisas estão nuas e patentes, aos olhos daquele com quem temos de tratar.

Quando Paulo usa a palavra *correcção,* ele refere-se à cuidadosa e sensível reorientação. Quando um foguete acelera no espaço exterior, ele ocasionalmente precisa da correcção de um "midcourse" para mantê-lo no seu caminho. Semelhantemente, a Palavra capacita os que a escutam cuidadosamente, a fim de encontrarem "correcções a meio do caminho" que construem um relacionamento saudável com Deus.

A palavra *treino* tem implicações de disciplina como resultado de instrução – assim como quando instruímos os nossos filhos, eles ganham perspectiva e orientação ao mesmo tempo. A Bíblia providencia perspectiva e orientação para servirmos a Deus de forma apropriada.

Toda a orientação é vista debaixo do "guarda-chuva" da graça. O tempo regular passado na Palavra torna-se uma avenida da graça para as nossas vidas.

A Leitura Bíblica como um Meio da Graça

No seu sermão intitulado "Os meios da graça" John Wesley inclui, "buscar as Escrituras" (que implica ler, ouvir e meditar).[1] Ele reconhece que não há poder inerente em buscar as Escrituras, porque a nossa salvação é dom de Deus somente através de Cristo. "Ao usar todos os meios (da graça) busque somente a Deus ... Nada à parte de Deus pode satisfazer a tua alma."[2]

Mais adiante no sermão ele escreve: "Todos os que desejam a graça de Deus devem esperar por ela, buscando as Escrituras."[3] Ele identifica várias passagens para suportar a sua tese. Primeiro ele cita as palavras do nosso Senhor em João 5:39 "Examinais as Escrituras ... e são elas que de mim testificam." Depois ele volta para Actos 17:11-12 e comenta o número dos habitantes de Beréia que creram "Porque examinavam as Escrituras todos os dias." O seu terceiro texto de apoio foi 2 Timóteo 3:15-17 – uma passagem discutida na secção anterior.

A Chamada do Alto

> **A Palavra capacita os que a escutam cuidadosamente, a fim de encontrarem as "correcções a meio caminho" que constroem um relacionamento saudável com Deus.**

Wesley é rápido ao notar que as Escrituras funcionam como um meio da graça para ambos os que "pertencem a Deus" e para o que está ainda à procura na escuridão. Ele concluiu esta secção do sermão com as palavras "Então, deixe que todos os que desejam que esse dia amanheça (o mencionado em 2 Pedro 1:19) nos seus corações, o esperem, buscando as Escrituras."[4]

Uma das mais famosas linhas de John Wesley é "Ó dê-me esse Livro! A qualquer preço, dê-me o livro de Deus."[5] O seu interesse principal na formação espiritual é claramente visível no prefácio nas suas *Notas Explanatórias do Antigo Testamento*: "Não é para tirar conclusões do texto, ou mostrar qual doutrina pode ser ali comprovada … eu somente desejo, como a mão de um mostrador, apontar cada homem a isto … para que mantenha os seus olhos fixos na Bíblia, para que a possa ler e ouvir com entendimento."[6]

Quando alguém se aproxima da leitura da Bíblia, não como dever ou disciplina, mas como uma das maneiras principais de Deus distribuir a Sua graça a nós, todo o quadro muda drasticamente. A fome por Deus somente pode ser satisfeita pelo pão da vida.

A Leitura Bíblica para o Crescimento Pessoal

Muitas pessoas aproximam-se da leitura da Bíblia como um dever. Elas lutam para encontrar um sistema pelo qual possam abrir caminho ao longo dela. Elas, deliberadamente cobrem a quantia designada do material. Mas falham em encontrar nesse processo a nutrição para o seu ser interior. Aqui estão algumas recomendações para permitir que a graça flua através da sua leitura da Bíblia.

1. Comece com Oração

Wesley afirmou que as pessoas devem aproximar-se da Bíblia com "uma oração ferverosa."[7] Ele acreditava firmemente que o Espírito Santo está directamente envolvido na orientação de leitores modernos da Bíblia assim como estava na orientação dos que a escreveram originalmente. O Espírito de Deus não só inspirou os que a escreveram, mas continuamente inspira e sobrenaturalmente assiste, aqueles que a lêem com ferverosa oração."[8]

Encontrar a Deus na Palavra

A ênfase aqui é colocar-nos num contexto no qual Deus claramente possa falar-nos. Reconhecemos a importância crucial do material que estamos a ler. É a revelação especial de Deus de Si mesmo para nós. Se há qualquer possibilidade de conhecer a Deus, ela está na Palavra, onde Ele se revelou a nós.

Wesley também recomendou que cada sessão da leitura da Bíblia "seja fechada com oração, para que o que lemos possa ser escrito nos nossos corações."[9] A ênfase aqui está no movimento da verdade desde a cabeça até à vida. O conhecimento intelectual do material não é suficiente.

2. Tenha um Tempo Designado

A habilidade de escutar realmente a Palavra de Deus para o crescimento pessoal requer um padrão consistente de "cavar" as Escrituras. Deve ter um tempo que é especificamente designado à leitura devocional. É valioso encontrar um lugar onde não terá impedimentos no processo da leitura. O tempo sem interrupções permite-nos devorar a mensagem para o nosso crescimento pessoal.

As próprias instruções de Wesley eram: "Separe um pouco de tempo, se puderes, todas as manhãs e noites, para esse propósito."[10] Visto que o crescimento espiritual é uma alta prioridade nas nossas vidas, o tempo que designamos não devia ser o tempo que sobra depois de tudo o resto estar feito. É importante dar tempo de qualidade para este empenho. Quando estamos apressados e atrapalhados, a nossa atenção é curta e a nossa habilidade de escutar é reduzida.

> **As pessoas que leram a Palavra apenas em pequenos retalhos é muito provável que leiam as suas próprias ideias na Bíblia.**

Sente-se num lugar confortável e cultive a habilidade de escutar a voz do Espírito no processo de dar um tempo dedicado a Deus e à Sua Palavra. "O interesse dos cristãos nas Escrituras tem sido sempre o de ouvir Deus a falar, não em analisar memorandos morais. A prática comum é formar uma disposição para escutar – ouvido envolvido mais do que o olho distanciado – esperando ser ouvintes desejosos mais do que leitores frios da página."[11]

A antecipação de um tempo específico a sós com o Senhor – até mesmo quando nos deparamos com um horário muito apertado – começa a condicionar-nos a escutar mais habilidosamente. Eugene Peterson relembra-nos: "A comunidade cristã veio a *escutar*, não a *olhar*."[12]

3. Ler com os Olhos do Coração

Em Efésios 3:17-18, Paulo fez esta oração pelo seus leitores:

> Para que Cristo habite pela fé nos vossos corações; a fim de que, estando arraigados e fundados em amor, possais perfeitamente compreender, com todos os santos, qual seja a largura, e o cumprimento, e a altura, e a profundidade, e conhecer o amor de Cristo que excede todo o entendimento, para que sejais de toda a plenitude de Deus!

O processo de permitir que "os olhos do coração" sejam abertos é uma parte especial da obra da graça. Na igreja primitiva, os livros não estavam disponíveis para serem lidos e todos escutavam a leitura do texto. Tinham a habilidade de escutar. Com o advento da impressão e o processo da educação moderna, a escuta tornou-se uma arte perdida. Walter Ong, chama-nos "os prisioneiros mais miseráveis da cultura mais alfabetizada."[13] Agora devemos aprender outra vez a escutar em e através da Bíblia.

A palavra do Velho Testamento "Torá" (a palavra *lei* em Hebraico) incluía a conotação de guia, amigo e instrutor. Para estudar o Torá, no termo rabínico, era escutar a Deus e receber instruções de uma aliança amiga.

Mas como podemos converter os nossos olhos em ouvidos outra vez? Quando Moisés dava instruções a Israel, ordenava uma regular atenção às verdades - começando com as repetições diárias de "Ouve, Israel, o Senhor, vosso Deus, é o único Senhor." Então ele voltava à carga: "E estas palavras que hoje te ordeno estarão no teu coração" (Dt 6:4,6). O salmista declarou: "Deleito-me em fazer a tua vontade, ó Deus meu sim à tua lei está dentro do meu coração" (Salmos 40:8)

Robert Mulholland faz uma proveitosa distinção entre a leitura formacional e a informacional. A leitura informacional é a leitura linear, que cobre o maior número de materiais o mais rápido possível. O propósito é dominar o texto por objectivar e criticá-lo. Esta mentalidade de "resolução do problemas" leva-nos a ser analíticos e juízes, a fim de ganharmos, tanto quanto possível, o processo.

A leitura formacional, por outro lado, lê em profundidade a fim de captar a dinâmica da mensagem. As correrias e a cobertura não são tão importantes quanto a franqueza do mistério de Deus na Palavra. Em vez de buscar o domínio do texto, permitimos que o texto nos domine. A aproximação é humilde, desejosa e carinhosa. É uma aproximação mais relacional que funcional.

Robert Mulholland escreveu: "Precisamos de tempo para abrandar. Precisamos de tempo para deixarmos o controlo. Precisamos de tempo

4. Preste Atenção a Toda a Bíblia

John Wesley recomendou que a leitura bíblica diária incluísse o material do Velho e do Novo Testamento.[15] Wesley era estudante de toda a Palavra de Deus. Os seus escritos e pregações demonstram um conhecimento do significado de passagens individuais à luz de toda a Bíblia.

Há uma forte tentação em ler somente aquelas passagens que têm tido um significado para nós no passado. Há igualmente uma forte tendência de ler somente o Novo Testamento. Para se afastar desta tendência é bom seguirmos um padrão que nos exporá a toda o leque da Palavra. Deus tem falado connosco em toda a Bíblia.

O subproduto de tal disciplinada leitura é uma perspectiva global da mensagem de Deus para nós. Recordo-me com grande alegria o ano em que um grande leque de verdade bíblica em *Massiah* de Handel, reforçou a minha leitura da própria Bíblia. O "grande quadro" capacita-nos a compreender as secções individuais mais facilmente. Aprendemos a pensar no contexto de um todo.

As pessoas que lêem a Palavra somente em pequenos retalhos estão mais dispostas a lerem as suas próprias ideias na Escritura, em vez de permitir que a Escritura as interprete.

Wesley continuou a sugerir que a leitura da Bíblia seja feita sempre entre as fronteiras da reflexão teológica. As suas instruções foram: "Tenha um constante olho para ... a conexão e harmonia que há entre essas doutrinas principais, fundamentais, pecado original, justificação pela fé, o novo nascimento, santidade interior e exterior."[16] Ser sensível às conexões teológicas também nos ajuda a ver a perspectiva geral global da mensagem de Deus para nós e protege-nos de expressar ideias fora do contexto.

> A Palavra da Escritura nunca deve parar de soar no seu ouvido nem parar de trabalhar em si ao longo do dia.

5. Meditação na Palavra

O salmista faz frequentes referências ao meditar nas palavras do Senhor. Um dos exemplos é o Salmos 119:15: "Em teus preceitos meditarei, e olharei para os teus caminhos."

Dietrich Bonhoeffer, um teólogo alemão que morreu num campo prisional nazi, escreveu uma "Introdução à Meditação Diária". Ele recomendou um estudo focado na Palavra a fim de "encontrar Cristo na Sua Palavra. Vamos ao texto curiosos para ouvir o que Ele nos quer fazer saber e dar através da Sua Palavra."[17] Permanecer num texto (de um comprimento variado, mas ele recomendou 10 a 15 versículos numa semana) com a intensão de receber e aceitar estas palavras no teu coração é meditação.

> A Palavra da Escritura nunca deve parar de soar no seu ouvido nem parar de trabalhar em si ao longo do dia, tal como as palavras de alguém que amas. E justamente como não analisas as palavras de alguém que amas, mas as aceitas como se tivessem sido ditas a ti, ... aceita a Palavra da Escritura e pondera ... esta Palavra no teu coração até entrar dentro de ti e tomar posse de ti.[18]

No princípio a meditação será difícil, porque estamos treinados a correr para a próxima ideia. Vai requerer esforços disciplinados para continuarmos a trazer os nossos pensamentos de volta ao mesmo tema e ideia. Leia-as novamente. Escreva os seus pensamentos e reflicta nelas no seu diário espiritual. Ore pela capacitação do Espírito Santo para focalizar essas ideias significativas. Tenha o cuidado de não ficar impaciente consigo mesmo ao começar a aprender esta habilidade.

Robert Mulholland escreveu sobre "estruturas complexas de hábitos, atitudes e percepções, das dinâmicas da resposta pessoal ao mundo."[19] pelos quais nos protegemos da invasão da nova verdade. É necessário que Deus quebre através desta "fachada autoconstruída – uma crosta de ego"[20] a fim de criar um crescimento espiritual. A meditação contemplativa é uma maneira que aprendemos para permitir que Deus "crie em nós toda uma nova estrutura de hábitos, atitudes, e percepções das dinâmicas de relacionamentos pessoais e corpóreos, de padrões de reacção e de resposta à Palavra."[21]

6. Leitura Fiel e Viver Fiel

Walter Brueggemann escreveu num livro intitulado *Interpretation and Obedience*.[22)] A questão do livro é de que há uma ligação essencial entre a obediência e a interpretação da Escritura. Ele usa termos como "obediência interpretativa" e "interpretação obediente".

Deus oferece-nos uma nova vida em Cristo. Responder a esta estupenda oferta de vida eterna é um privilégio. Cada resposta à verdade revelada na Palavra torna-se vestíbulo para um mais rico e profundo discernimento.

O ensino de John Wesley a este respeito chamou a um auto-exame no processo de escutar a voz do Espírito na Palavra. Depois recomendou: "E seja qual for a luz que então receberes, deve ser usada o máximo que puderes, e imediatamente. Que não haja demoras. O que resolveres, começa a executar logo. Assim verás, com certeza, que esta palavra é o poder de Deus para a presente e eterna salvação."[23]

A interpretação e obediência são indissoluvelmente relacionadas. A menos que obedeçamos às verdades já reveladas é improvável que Deus nos abençoe com revelações adicionais. Há um relacionamento indissolúvel entre o conhecer e o fazer, entre a leitura fiel e o viver fiel. A Palavra diz: "Jesus dizia pois, aos Judeus que criam nele; 'se vós permanecerdes na minha palavra, verdadeiramente sereis meus discípulos; E conhecereis a verdade e a verdade vos libertará'" (João 8:31-32).

As Escrituras são um instrumento que Deus usa para dar graça às pessoas que esperam e que são obedientes. Recusar a Sua graça resulta numa vida espiritual anémica e emocionada. Escolher estrategicamente viver debaixo dessa graça resulta numa vida espiritual frutífera e dinâmica – Deus pode moldar para os propósitos do Reino.

❧ Para Reflexão Pessoal e Acção ❦

1. Rever Conceitos Importantes

A. Reveja o capítulo 5 e faça uma lista de quatro ou cinco ideias ou discernimentos que são significativos para si.

B. Reorganize a lista das ideias e discernimentos, classificando-as pela ordem do seu significado para si no lugar onde hoje está na sua jornada espiritual.

C. Pensando nas duas ideias ou discernimentos que estão no topo na sua lista priorizada, considere esta pergunta: Se estivesse para ensinar este capítulo a uma turma adulta, como apresentaria as duas primárias ideias e discernimentos num quadro ou num boletim?

2. Estudo Bíblico

A. Releia o que este capítulo tem a dizer sobre "ler com os olhos do coração."

B. Estude a oração de Paulo pelos Efésios em 1:17-19 e Efésios 3:14-21. Tente deixar que Deus lhe fale por meio desses textos, ou seja, tente ler para a transformação mais do que para a informação. Poderá desejar fazer do hino "Teu Livro" (Hino 64 do Louvor e Adoração) uma parte desta experiência devocional.

3. Crie um Plano

Se não está actualmente envolvido num estudo bíblico sistemático e regular, decida agora que parte da Bíblia começará a estudar. Escreva os seus planos para o estudo bíblico pelo menos com uma semana de avanço.

> **Regozijai-vos sempre. Orai sem cessar. Em tudo dai graças, porque esta é a vontade de Deus, em Cristo Jesus para convosco.**
>
> (1 Tessalonicenses 5:16-18)

6

Encontrando Deus na Oração

Oração, a actividade central de uma vida cheia de Espírito, é simples mas ainda assim profunda, fácil de entender e inesgotável na sua verdade. A oração é essencial para a jornada. Não há formação espiritual, nem vida de santidade, nem crescimento na semelhança de Cristo sem ela. Sem oração a presença divina continua longe, fria e desconhecida. Negligenciamos a oração no nosso perfil interior. "Oração é uma experiência cercada de vida espiritual. É tão essencial ao Espírito como é o pão para o corpo."[1]

John Wesley enfatizou a prioridade de oração em privado. Nada podia tomar o seu lugar. Joseph Benson, um estudante e protegido de Wesley foi recordado que o estudo de teologia não pode substitui-la. "Não deixe de estudar," escreveu-lhe Wesley numa carta, "Engole ... as horas da oração privada."[2] Nem mesmo um culto cristão pode estar acima da oração. Wesley avisou a sua estudante Ann Bolton, "Não deixe que as suas obras de misericórdia lhe roubem o tempo de oração em privado."[3]

O QUE É ORAÇÃO?

Para evitar que a oração fique complicada, senão espiritualmente estéril, precisamos entendê-la no seu sentido mais amplo. A partir dessa perspectiva, podemos discutir as particularidades de tais meios vitais da graça.

A Chamada do Alto

1. Oração é Falar com Deus

É conversar com o Criador e amante das nossas almas. Falamos com Ele como falaríamos com quem amamos e confiamos. Não há nenhuma necessidade para usar linguagem afectiva, piedosa e tons ponderosos. Estamos a conversar de amigo para amigo, de coração para coração. A oração é a interacção entre Deus e nós. A oração é mais do que os designados 15 minutos por dia, por mais importantes que eles sejam. É um relacionamento contínuo, um diálogo contínuo com o Pai Celestial. A oração neste nível torna-se tão natural como o respirar, como os antigos escritores sempre nos recordam. Desta maneira, a nossa própria vida torna-se oração. Isto não é difícil de se imaginar. Pense por um momento num dia em que "respirou" uma oração a Deus. Talvez é um amigo aflito que faz uma pergunta sem resposta, e acabas por fazer uma oração por sabedoria. Talvez sua atenção é levada a alguém sem casa que cambaleia ao longo da rua, e assim sussurras uma oração por essa pessoa. A respiração torna-se oração.

2. Oração é Alinharmo-nos com os Propósitos do Divino Criador

É concordando com Deus e participando com Ele naquilo que Ele é no nosso mundo. A oração é alinhar os meus desejos, planos, esperanças e vontades às Suas criativas e redentoras intenções.

3. A Oração é Mudança

Este princípio torna a oração simples e difícil ao mesmo tempo. A oração muda-nos quando o Deus do universo nos traz mais e mais em conformidade à imagem do Seu Filho. Ele vasculha os nossos lugares escondidos, enquanto nos chama à plena revelação e aí renova, cura e muda. Se pretendemos orar, precisamos estar abertos para sermos mudados.

4. A Oração é Tanto Descanso como Batalha

A oração é descanso quando aprendemos a estar com Jesus em qualquer lugar que formos, abertos à constante consciência e presença. No meio dos nossos dias apressados Ele promete um descanso no centro do nosso ser.

Mas a oração é também uma batalha ao envolver-nos nos ataques frontais do inimigo e com as suas fortalezas. Não seremos tirados fora por causa dos nossos conceitos superficiais, mas reconheceremos que a oração significa uma luta espiritual real.

Para compreender a oração dessa maneira é pôr frases como: "Pelo menos posso orar" nas suas próprias perspectivas. Não é o mínimo que podemos fazer - é a coisa mais importante que podemos fazer.

5. A Oração está Ligada à Nossa Vontade e às Energias Espirituais com o Poder de Deus

Maxie Dunnam levantou uma questão da qual nunca consegui escapar. "E se houver algumas coisas que Deus não pode ou não fará até que as pessoas orem?" Poderá ser verdade que acções no drama da vida estão, de alguma ou outra maneira, dependentes da intercessão nos bastidores? Há exemplos bíblicos da tal ligação condicional como em 2 Crónicas 7:14 e João 15:7. Dunnam apressa-se a mostrar que isto não diminui a soberania de Deus mas destaca o maravilhoso relacionamento que temos com Deus na oração.[4]

Se Dunnam está correcto, que mudanças isso pode fazer na sua vida de oração?

Ensine-me a Orar

Qual deve ser o conteúdo da nossa oração? Existe alguma regra na qual posso construir a minha maneira única de orar? Creio que há. É tanto algo antigo como algo actual. É o padrão de ACTS, o significado das letras Adoração, Confissão, Acção de graças e Súplica.

Adoração

Todas as nossas orações (com a excepção, talvez, das de emergência) devem começar com a adoração. Começamos por adorar e glorificar a Deus que nos amou e redimiu. Como é que O adora? Que nomes, títulos e descrições usa?

Quando, pela primeira vez, examinei seriamente os meus padrões de oração, descobri que o meu vocabulário de adoração era com certeza escasso. Um amigo ajudou-me ao sugerir que usasse o alfabeto. Seguindo o seu conselho fiz uma lista de descrições da "adoração" escrevendo uma palavra para cada letra do alfabeto. Depois orava. Que inovação! Comecei a registar essas palavras de adoração no meu diário de oração, voltando a elas e adicionando algumas outras novas à medida que me vinham à atenção.

> Nós queremos que Deus faça mais o nosso querer do que o d'Ele.

Muitos cristãos acham que a oração de adoração é difícil. Kenneth Leech sugere que pode ser devido ao "facto de levarmos às nossas orações as questões utilitárias e funcionais que governam a nossa sociedade baseado no trabalho."[5] Isso quer dizer que grande parte das nossas vidas é dirigida por ideias sobre eficiência e produção. Tanto as pessoas como as coisas, "são avaliadas pelos seus resultados, pelo que produzem."⁶ Mas a oração de adoração está muito acima das motivações utilitárias. É sobre louvor e liberdade, liberdade e amor, majestade e a glória de Deus. Como reduz uma obra como esta?

> *Alegres, alegres, Te adoramos*
> *ó Deus de glória, Deus de amor;*
> *Corações desdobram-se como flores ante Ti,*
> *Abrindo-se ao sol acima*

Supõe que o Henry Van Dyke estava a ser pago por hora quando escreveu esse hino?

Confissão

Confissão é o tempo em que trago ao Senhor os pecados, falhas e necessidades da minha vida. Não é fácil – mas é saudável! Este é o tempo em que sou honesto para com Deus. Qualquer coisa que Ele me trouxer à consciência, qualquer coisa que necessite do sangue expiador, eu rendo a Ele.

Quão fácil é saltar a confissão e ir directo à parte da oração que pertence "aos pedidos." Mas a confissão não deve ser omitida.

Há vários usos da confissão. *Uma é a confissão de pecados.* Quando abrimos os nossos corações a Deus, a lanterna da Sua santidade pode mostrar-nos alguns pecados que precisam ser confessados e perdoados. A única coisa certa a fazer é confessar esse pecado de uma vez e receber o Seu perdão. O termo bíblico para confessar é a junção da palavra *falar* com a palavra *semelhante* ou *concordar*. Então *confessar* significa *falar semelhante* ou *falar em concordância*. Quando confessamos os nossos pecados, falamos, dizendo a Deus que concordamos com Ele no assunto de nossa condição espiritual.

Lembre-se que homens e mulheres salvos e santificados, não têm que pecar, mas algumas vezes pecam. O lembrete da confissão é necessário. Abordamos a parte da confissão da nossa oração em arrependimento – mas também com confiança, porque sabemos que "se confessarmos os nossos pecados, ele é fiel e justo para perdoar os nossos pecados e purificar-nos de toda a injustiça" (1 João 1:9).

1 João, capítulos 1 e 2, trata do que o cristão deve fazer quando fica no pecado. A resposta é andar na luz e confessar os nossos pecados, porque se assim o fizermos, o sangue de Jesus Cristo continua a lavar-nos de todo o pecado.⁷

A pior coisa que podemos fazer é negar o nosso pecado. Se, em tal situação dissermos que não pecamos, enganamo-nos a nós mesmos (1 João

1:8). Nada "golpeia" a vida espiritual mais rápida e completamente do que pecados não confessados.

A outra maneira do uso da confissão tem a ver com a necessidade da graça santificadora. Confessamos os nossos pecados interiores que guerreiam contra a alma. Sendo optimistas radicais sobre as possibilidades da graça, cremos que Deus pode purificar o coração pecaminoso, santificando-nos através das repetidas promessas das Escrituras.

Através dos séculos, os santos têm celebrado a obra purificadora do Espírito Santo. Macarius, no quinto século, escreveu que tal como o metal que é atirado do fogo é purificado, "a alma que ... recebeu o fogo celestial ... é desembaraçado de todo o amor do mundo e é liberto de toda a corrupção dos afectos."8 O diligente investigador, um dia será "ungido com o óleo santificador da alegria ... e ... o espírito da santidade."9 Então "o pecado será desenraizado e o homem receberá a original formação de Adão na sua pureza."(10) Depois "como uma pedra no ... mar é de toda a forma cercado de água; assim são os lavados pelo Espírito, encharcados, de toda a forma, pelo Espírito Santo e feitos semelhantes a Cristo."11

Oração é o planar do espírito humano para se encontrar e estar com o Espírito de Deus

Tempo e espaço não permitem citar testemunhas de gigantes espirituais que pelos séculos descobriram e ensinaram sobre a santidade de coração e vida. A herança wesleyana de santificação e o viver santo estão no fundamento da Bíblia Sagrada e no testemunho dos santos de todos os séculos.

Deixe que o escritor moderno Albert E. Day o diga por todos nós: "Nisto aventuraria a minha eterna salvação – se fizeres da pureza de Deus a tua infatigável questão, o Deus da pureza se dará a ti tão abundantemente que as tuas questões serão transcendidas no esplendor da experiência que te colheu."12

Tem falta ou deseja purificação interna? Confesse essa necessidade em oração.

O cristão santificado não tem nada que confessar? John Wesley ensinou-nos que: "o mais santo entre nós" tem razões para usar a oração de confissão regularmente. *O terceiro uso da confissão tem a ver com a confissão nas orações dos santificados.*

Mesmo "o mais santo de entre nós" é membro da raça decaída sujeita a mil fraquezas. Sendo assim, caímos repetidamente da marca da santidade de Deus. O nosso julgamento falha, a nossa razão é inadequada, o nosso conhecimento é deficiente, o nosso cumprimento de deveres às vezes é irregular – mesmo assim a nossa intenção é fazer somente o certo.

O ensino mais negligenciado do wesleyanismo é que estas faltas, fraquezas, falhas e fracassos, devidos à nossa queda, apesar de incorrectamente chamados de pecado, precisam ainda do sangue expiador de Cristo a fim de nos tornar aceitáveis perante Deus. Assim, "o mais santo entre nós" deve confessar a necessidade da graça para cobrir as suas falhas e fracassos.

Relacionado de perto com isto, é que temos que confessar regularmente a nossa necessidade do Espírito continuar a lavar-nos de todo o pecado. A lavagem do Espírito não é de uma vez por todas. Quando somos feitos santos pela graça santificadora, Deus não nos dá uma santidade perpétua. Em vez disso, somos mantidos santos pela lavagem "momento-por-momento" pelo sangue de Jesus. John Wesley declarou: "O mais perfeito precisa do sangue de expiação e pode muito bem ... dizer 'perdoe as nossas transgressões'."[13] Ele continua a dizer, "Precisamos do poder de Cristo em todos os momentos ... para continuarmos na vida espiritual, sem o qual, independente da nossa presente santidade, podemos tornar-nos demónios no momento seguinte."[14] Assim, vemos que o "C" na fórmula ACTS para a oração é para todos nós.

Acção de Graças

Agora já estamos prontos para a acção de graças. Isso é mais fácil para muitos de nós, e ainda assim, raramente separamos tempos para agradecer seriamente. Paulo, escrevendo aos Tessalonicenses lembrou-os: "Regozijai-vos sempre. Orai sem cessar. Em tudo dai graças, porque esta é a vontade de Deus, em Cristo Jesus para convosco" (1 Tessalonicenses 5:16-18). Para orarmos consistentemente segundo o padrão ACTS, com atenção cuidadosa ao espírito agradecido, andaremos um longo caminho rumo a um estilo de vida capacitado, vitorioso e saudável, cheio do Espírito,

O próprio Jesus é o nosso exemplo quando vamos à oração de acção de graças. Quando Jesus se pôs em pé com o saco de almoço diante de 5.000 famintos não buscou o tom de um bispo para orar, "Pai, precisamos de um milagre! Cremos que podes fazer!" Não, em vez disso Ele orou: "Obrigado ... "[15]

Quando Ele parou diante do túmulo do Seu amigo Lázaro, não pedia para que todos os presentes formassem um círculo de mãos dadas e zumbissem: "Não me negariam." Em vez disso orou: "Pai, graças te dou, por me haveres ouvido" (João 11:41).

Encontrar Deus na Oração

> Quando se levanta diante de Ti e da Tua Veracidade infalível, não é que a minha alma se parece a uma feira onde os negociantes de coisas usadas de todos os cantos do globo se juntavam a vender as rotas riquezas deste mundo?
> —Karl Rahner

Como é que o *homem* Jesus se pode ter sentido quando teve a Sua "última ceia" com os Seus discípulos, sabendo que a traição e a morte estavam à porta! Ainda assim tomou o pão, chamou-o de símbolo do Seu próprio corpo partido – e mesmo assim fez uma oração de gratidão (Lucas 22:19). Quando pegou no copo cheio de vinho com a cor de seu próprio sangue, ofereceu outra vez uma oração de gratidão (v. 17) e foi à Sua morte cantando um hino (Marcos 14:26). Não conhecemos as palavras, mas quem ficaria surpreendido se o hino que cantava, quando se dirigia à Cruz, fosse uma canção de acção de graças?

Vamos seguir o padrão constante do nosso Senhor, oferecendo orações de gratidão em todas as circunstâncias.

Súplica

A oração de súplica abraça a petição e a intercessão. Neste tipo de oração, pedimos a Deus para ir ao encontro das nossas necessidades e das necessidades dos outros pelos quais oramos.

Quando era jovem, a petição estava em primeiro lugar – às vezes o único lugar. Levei anos para levar seriamente as palavras de Jesus, "Buscai primeiro o Reino de Deus". O que pedimos a Deus deve estar sujeito e sancionado tanto à vontade de Deus como para o bem do Reino. É o que Samuel Young dizia quando confessou que muitas vezes orava: "Senhor edita a minha oração."

A súplica abre a porta para a intercessão, definida como estando entre dois partidos e suplicando o caso de um em nome do outro. De todos os ministérios de oração abertos para o cristão, este pode ser considerado o singularmente mais importante, e possivelmente o mais difícil.

A oração intercessora inclui as pessoas significantes nas nossas vidas: família, crianças, pessoas queridas, amigos. Pode ser um ministério tão largo quanto Deus te guiar e se O quiser seguir, intercedendo por aqueles que estiverem no país e pelo mundo.

A Chamada do Alto

Se alguma vez estiver confuso sobre como orar pelos outros, tente uma versão personalizada da oração do Pai Nosso em nome dessa pessoa por quem quer orar. Preencha as partes brancas com o nome dessa pessoa.

Orando do Pai Nosso pelos outros

Pai de/a _____ que estás no Céu.
Santificado seja o Teu nome na/o _____.
Venha o Teu Reino no/a_____
Seja feita a Tua vontade no/a _____
Na terra como se ele/ela estivesse consigo no céu
Dá à/ao _____ no dia de hoje, o seu pão de cada dia,
e perdoe _____ assim como ele/a perdoa os que pecam contra ele/a.
Não o/a _____ na tentação, mas livra-o/a do mal.
Que a alegria do/da _____ seja o Teu reino, o poder e a glória para sempre,
Amém

Outra ferramenta para a oração intercessora é o Salmos 23.

Uma Meditação Intercessora: Usando o Salmos 23

Feche os seus olhos e imagine a figura de alguém que conhece que esteja a passar por maus momentos. Obtenha o sentido da realidade daquela pessoa – aparência, tom da voz, etc.

Depois, silenciosamente medite no 23º Salmo, usando o nome dessa pessoa, em vez dos pronomes pessoais. A tradução seguinte é a versão de João Ferreira de Almeida.

O Senhor é pastor de _____;
Nada lhe faltara.
Deitar lhe faz em pastos verdejantes;
Guia _____ mansamente a águas tranquilas.
Refrigera a alma do/da _____.
Guia o/a _____ nas veredas da justiça por amor do seu nome.
Ainda que ele/ela ande pelo vale da sombra da morte, _____
temerá mal algum, porque tu estás com ele/ela.
A tua vara e o teu cajado consolam o/a_____.
Preparas uma mesa para _____ na presença dos seus inimigos.
Unges com óleo a minha cabeça, o meu cálice transborda.
Certamente que a bondade e a misericórdia seguirão a/o _____
todos os dias da vida de _____,

Encontrar Deus na Oração

e habitará na casa do/a _____ *por longos dias de/a*
_____.
Amém

A Oração de Respiração

Uma sugestão final sobre oração. Uma prática simples começou a encontrar raiz no solo da minha rotina diária. Sugerido por Ron Del Bene, é uma maneira de orar sem cessar.[16] Ele chama-a de "oração de respiração." É composta de dois segmentos que incluem seis a oito sílabas. Primeiro é nomear a Deus. Como você O chama? Qual é o nome de adoração que lhe vem à mente? A segunda metade é a resposta à pergunta, "O que quer que eu faça por ti?" Qual seria a sua resposta? Qual é a sua necessidade?

Comece fazendo a sua oração ao longo do dia – quando estiver pronto para trabalhar, lavando a louça, à espera num semáforo, numa fila. Permita que esta seja a sua oração sem cessar.

Por exemplo, quando escrevia este capítulo comecei a experimentar o bloqueamento do escritor. Na metade de um dia, não conseguia escrever nada. A minha oração de respiração para o dia seguinte tornou-se, "Espírito Criativo, desbloqueia a minha mente" – não era uma oração muito eloquente, mas comecei a fazê-la enquanto adormecia. Quando me levantei na manhã seguinte, orei-a repetida e vagarosamente, ao mesmo tempo em que respirava. Antes de me sentar na mesa, já sabia a frase seguinte e isso era tudo o que precisava.

O outro método de intercessão consistente pelos que amamos é baseado no dia do seu nascimento em cada mês. Os aniversários na minha família calham nos dias 2, 21 e 30 de cada mês. Por isso, oro pela minha esposa e meus filhos especialmente nesses dias do mês. Sendo assim, enquanto esta oração de apoio segue em frente, dá-lhes como que 12 aniversários por ano. Para me lembrar, troco o anel ou o relógio para a outra mão ou braço. Sempre que vejo o anel ou relógio "fora do lugar" durante o dia, respiro uma oração por esse membro da família.

A intercessão deve ser seguida por obediência. Verá que quando pedir a Deus para fazer alguma coisa *por alguém* na sua lista de oração, muitas vezes Ele quererá usá-lo para ajudar a produzir a resposta. A intercessão é arriscada mas lucrativa para aquele que é obediente.

A oração é tão simples como a respiração, como os antigos escritores nos lembraram. Qualquer que seja a coisa que notemos sobre a oração, Susan Muto estava certa quando concluiu: "A oração é muitas coisas e ainda assim é uma. É o planar do espírito humano para buscar e estar com o Espírito de Deus ... A oração, no fim de contas, é sobre esta relação de amor consumidor entre Deus e nós ... O objectivo imediato da oração deve ser considerar alguns mistérios da vida de Cristo, para resolvermos um problema, ver uma orientação para um curso prático de acção. Mas, o objectivo final da oração, é sempre a comunhão com Deus."[17]

❧ Para Reflexão Pessoal e Acção ❧

1. Estudo Bíblico
Estude a oração de Paulo em:
Fil. 1:3-11
Ef. 1:15-23
Ef. 3:14-19

2. Rever o sistema ACTS de oração neste capítulo
Use-a como guia de oração e veja se funciona para si.

3. Iniciadores de oração

John Wesley acreditava que quando estivermos cansados, deprimidos ou doentes, não "oramos como devemos". Então, ensinou o seu povo a usar uma oração escrita como um motor de arranque, que seria então seguida por uma oração improvisada. Os primeiros wesleyanos faziam isto nas orações públicas e privadas.

Tente começar as suas devoções com uma destas orações usadas por John Wesley e pelos nossos antepassados espirituais.

(1) Uma Oração para Relacionamentos Santos

Ó Pai das misericórdias, faça com que eu possa olhar para os defeitos do meu próximo como se fossem os meus. Que eu possa esconder e estar triste por eles; assim faz o Seu amor por nós. Ó abençoado Jesus, padrão do meu amor para com eles, que eu possa, acima de tudo, empenhar-me em promover o bem-estar deles ...

Ensina-me a ter compaixão das fraquezas e falhas dos meus irmãos; a edificar as suas acções; a interpretar todas as coisas duvidosas para o bem deles; e pronto a suportar alegremente as suas fraquezas."[18]

(2) Oração para a Pureza de Coração

Deus Todo-poderoso, para quem todos os corações estão abertos, todos os desejos conhecidos, e para quem nenhum segredo está escondido, purifique os pensamentos dos nossos corações pela inspiração do Teu Espírito Santo, para que possamos amar-Te perfeitamente, e dignamente magnificar o Teu santo nome, por Cristo nosso Senhor, Ámen.[19]

(3) Reveja o Modelo de Oração de Intercessão do Pai Nosso e do 23º Salmo.

Veja a sua lista de oração e ore por duas pessoas todos os dias desta semana usando estes modelos. Registe esta experiência no seu diário.

Oh meu Deus, quando é que o silêncio, a reforma, e oração se tornarão ocupações para a minha alma como são agora frequentemente objectos dos meus desejos? Como é que estou cansado por dizer muito e ainda assim fazer pouco para ti! Venha, Jesus, venha, tu o ... centro e suprema felicidade da minha alma.

—Thomas a Kempis
Imitação de Cristo

7

Encontrando Deus através de Abençoada Subtracção

Rev. Earl Lee pastor em mérito da First Church of the Nazarene em Pasadena, California apresentou-me a "abençoada subtracção" como uma disciplina espiritual. O estilo de vida do sul da Califórnia é de "adição apressada." A maioria de nós andava em alta velocidade, adicionando casas e terras – e segundos e terceiros empregos para neles obter pagamentos. O pastor Lee desafiou-nos a subtrair e não a aumentar, a fim de nos tornarmos melhores cristãos.

Para os que são sérios sobre viver a vida santa, a "abençoada subtracção" torna-se uma disciplina espiritual preciosa. O que é que poderia deixar que o possa levar para mais perto de Deus? Não estou a falar de pecados na sua vida; refiro-me a coisas boas ou moralmente neutras.

Há tempos em que, debaixo da orientação do Espírito, devemos retirar-nos da comunhão para estarmos a sós com Deus e solitários diante d'Ele. Às vezes retiramo-nos (sem dificuldades) da mesa onde o nosso pão diário é servido, focalizando-nos na oração e em Deus. Noutras alturas, podemos jejuar dos entretenimentos e prazeres que muitos buscam. Podemos, debaixo da liderança do Espírito Santo, subtrair o materialismo popular que faz com que o adquirir coisas pareça bênção de Deus.

Todas estas coisas juntas produzem o que é chamado frequentemente de simplicidade cristã. Na nossa jornada para a santidade podemos olhar para os mapas da estrada deixados pelos 20 séculos do viver santo. Esses peregrinos praticaram a abençoada subtracção e passaram essa herança para nós.

SOLIDÃO: SUBTRAINDO A COMPANHIA DO CONVÍVIO

Nessas descrições resumidas da vida de Jesus a que chamamos de evangelhos, esses breves relatos nos quais só os destaques da vida de Jesus podem ser tratados, vemos que repetidamente Jesus buscava a solidão. A solidão diante de Deus era uma disciplina espiritual tão importante que nem mesmo o Deus-homem, Jesus Cristo, pôde negligenciá-la.

Nós, também, devemos, de tempo em tempo, deixar a boa companhia da família e amigos para estarmos sozinhos diante de Deus. Isto é, praticamos a abençoada subtracção ao trocar a companhia humana pela solidão na qual somente Deus é bem-vindo a invadir. Tanto o cristão novato como o maduro achará a solidão uma forma de fortalecimento na jornada.

Na solidão, colocamo-nos fora, não tanto para relaxarmos ou para nos refrescarmos pela natureza – embora isso possa acontecer. É para estar sozinhos, a pensar e a meditar e conhecer a liberdade que a solidão pode trazer.

Achei lugares de retiro no lago, na floresta, num canto de uma biblioteca universitária, e até mesmo no meio das multidões de Sábado num centro comercial. Todos nós podemos encontrar o nosso lugar e tempo para a solidão que se ajustarão às nossas personalidades e situações de vida. Apesar de quaisquer benefícios da solidão, e há muitos, a razão principal desta "abençoada subtracção" é o encontrar-se, face-a-face, com o Cristo ressurecto.

Dallas Willard, depois de uma revisão e crítica cuidadosa das disciplinas como eram praticadas nos mosteiros primitivos, diz, "De todas as disciplinas de abstinência, a solidão é geralmente a mais fundamental no começo da vida espiritual, e deve ser repetida vez após vez à medida que a vida se desenvolve."[1]

Um amigo meu, um pastor em Kansas, que se sentia cansado das pessoas, finalmente adquiriu milhas de voos frequentes para poder viajar para

Encontrar a Deus através de Abençoada Subtracção

qualquer parte dos Estados Unidos onde as Linhas Aéreas Delta voassem. Ele escolheu Anchorage, Alasca. Demorou cinco dias, num pequeno hotel virado para a baía, para ele "reencontrar a sua alma."

Claro que nem todos podem ir até Anchorage quando o Senhor os chamar para se retirarem em solidão. E quem consegue tirar cinco dias - para o que quer que seja?

Precisamos aprender a descobrir os "momentos de solidão" que preenchem os nossos dias. Poderá precisar de alguma observação cuidadosa, mas eles estão lá. O que dizer daqueles momentos de manhã, antes de ir para o trabalho, ou depois de todos terem ido embora? Há espaços de tempo no autocarro, comboio, ou no seu carro?

Há momentos durante o dia de trabalho que podem ser capturados para Cristo? Examine os seus padrões à noite, a rotina da família antes e depois das refeições. Qual é o tempo que está disponível antes de ir dormir? A lista não tem fim. Quando desejarmos a solidão, o Espírito Santo nos dará a criatividade para a encontrarmos.

Se não tem tempo para a solidão, deve mudar o seu estilo de vida. Porque se não o encontrar sozinho, de maneira nenhuma se encontrará a si mesmo.

A solidão tem muito que nos dar, incluindo estes dons celebrados por Henri J. Nouwen. "É na solidão que descobrimos que ser é mais importante que ter, e que somos mais dignos do que o resultado dos nossos esforços. Na solidão descobrimos que a nossa vida não é uma posse a ser defendida, mas um dom a ser partilhado."[2]

SILÊNCIO: SUBTRAINDO AS CONVERSAS E O BARULHO

A solidão e o silêncio estão juntos. Eles completam-se um ao outro. O desafio do silêncio vem não somente na subtracção ou eliminação do barulho, pelo menos durante algum momento, mas também ao estar quieto e não falar.

Vivemos numa cultura de barulho. Rádio, televisão, telefones, atendedor de chamadas, *beepers*, telefones de carro, sinais de néon, e-mail - todos nos bombardeiam com palavras e barulho.

Ficamos tão acostumados ao barulho que algumas pessoas não conseguem estudar sem música rock. Outros não aguentam ler sem ter a televisão ligada, mesmo que não estejam interessados no programa.

A Chamada do Alto

> Não perca a sua cabeça no que perece
> ... não confunda o que tem com aquilo
> que é. Acumular coisas é inútil.
> —Evelyn Underhill

Ficamos tão habituados ao barulho que até tememos o silêncio – até na igreja. A nossa sociedade hiperactiva deixa-nos sem a capacidade ou coragem de "nos apressarmos a Ele, que te chama no silêncio do teu coração."[3]

Não somente negligenciamos o silêncio, mas alguns fazem de tudo para o evitar. "Procuramos evitar o silêncio [porque] ... invoca desconfianças anónimas, sentimentos de culpa, ansiedade estranha, inquietante."[4] Se, no entanto, podermos dominar o nosso medo do silêncio, "poderemos experimentar um declínio gradual no nosso caos interior."[5]

Henri Nouwen aconselha-nos, "O silêncio é a disciplina pela qual o fogo interior de Deus é guardado vivo."[6]

O silêncio pode ser uma maneira de orar. Algumas pessoas passam todo o seu tempo de oração a falar. Tente que o silêncio perante Deus levante a sua oração sem palavras. Há momentos em que o silêncio como oração sem palavras "pleiteia pelo perdão ou aceitação; momentos em que a nossa mudez é gratidão ou adoração ... Algumas vezes o silêncio faz-nos apreciar a ousadia com a qual dizemos 'Pai' a Deus ... 'Pai' às vezes torna-se a única palavra que o silêncio permite ao expressarmos inexpressivamente tudo o que sentimos e queremos e tudo o que buscamos alcançar."[7]

Num mundo que caminha em direcção à sobrecarga de informação, à desintegração de famílias, e ao muito e muito barulho, o silêncio é crucial para a sobrevivência espiritual. Susana Muto aponta os seguintes benefícios do silêncio: capacita e facilita o relaxamento do corpo, aguça as capacidades de atenção da mente, providencia uma linguagem digna, que expressa bondade e graça, dirige-nos à acção pensada, capacita-nos a manter contacto com o Espírito Santo, e finalmente é a preparação para a Sua vinda e preparação para ouvirmos a Sua voz.[8]

Como, então, iremos praticar este "meio da graça" no nosso atarefado mundo? Aqui está uma lista de questões que podem ajudá-lo a focalizar a sua busca por respostas.

1. Já procurou, no seu estilo de vida, lugares ou momentos em que o silêncio possa ser criado?
2. Já listou recantos de silêncio no seu lugar de trabalho?

3. Já fez algum progresso em quebrar o seu vício da televisão, telefones, rádio e música?
4. Que iniciativa tomou para criar tempos, lugares e rituais específicos para a privacidade e solidão?
5. Está ciente da silenciosa presença de Deus de qualquer modo pessoal?[9]

JEJUAR: SUBTRAIR COMIDA PARA O CORPO; ADICIONAR COMIDA PARA A ALMA

O que aconteceu ao jejum? Ao crescer na igreja, estava sempre ciente do "jejum e oração." Ouvimos muito sobre o dar mas pouco sobre o jejuar. Ainda assim, há pelo menos tantos dizeres na Bíblia sobre o jejuar como sobre o dar. Poderia ser, como Richard Foster sugere, que para a nossa cultura, jejuar chama a um sacrifício muito mais significativo do que o de dar?

Pode ser que o jejum esteja no assento de trás por nos lembrar as práticas excessivas da Idade Média. Ou pode ser porque temos estado tão programados para o consumismo e para as alegrias de comer que se alguém nos convidar para jejuar, ficamos desconfortáveis. Preocupamo-nos com a sua saúde e força. Quão confusos estamos nós sobre este poderoso meio da graça!

Jejuar centra-se sempre em Deus. Não é para ser comparado com a greve de fome ou o jejum de dieta para perder peso. O motivo é de facto importante. O jejum não é feito para manipular Deus ou para activar um milagre ou resolver um problema. É para deliberadamente dizer não à comida a fim de dar atenção a Deus. Soa estranho para a era espacial, não é? Então essa pode ser a razão obrigatória para trazer esta disciplina de volta às nossas vidas.

Através das Escrituras vemos que nos tempos antigos, as pessoas piedosas juntavam a oração e o jejum. Entre essas personagens bíblicas para os quais jejuar era importante encontramos Moisés, Elias, David, Zacarias, Daniel, Jonas, Joel, Paulo, Barnabé, Neemias e Isaías.

Jesus jejuou muitas vezes e indicou que esperava que os Seus discípulos se negassem a si mesmos e praticassem o jejum. John Wesley chamou o jejum de "um meio precioso ... que Deus mesmo ordenou ... Por isso, quando é bem usado, Ele nos dará a Sua bênção."[10] Ele aconselhou, "E com jejum vamos sempre fazer oração fervorosa, derramando as nossas almas diante de Deus, confessando os nossos pecados ... Humilhando-nos debaixo da Sua poderosa mão, deixando aberto diante dele todo o nosso querer, toda a nossa quietude e incapacidade."[11]

Jejuar, ensinou Wesley, deve ter como alvo a glória de Deus. "Jejuamos para expressar a nossa angústia e vergonha pelas transgressões; para esperarmos por um aumento da graça purificadora ... para aumentar ... o fervor das nossas orações ... para evitar a ira de Deus, e obter todas as promessas ... feitas ... em Jesus Cristo."[12]

Está claro que o viajante de hoje na auto-estrada da santidade não deve ignorar este recurso pessoal para a viagem. Jejuar, não é a moeda da máquina cósmica que faz com que Deus "apague." Mas quando praticar o jejum, espere bençãos de Deus.

SUBTRAÍNDO PRAZERES E ENTRETENIMENTOS

Hoje, a cultura norte Americana está quase totalmente distraída na perseguição gananciosa dos prazeres, diversões e entretenimento. Por exemplo, a maioria dos cristãos que conheço vê muita televisão. Um pastor amigo meu jejuou da televisão durante todo o mês de Março. "Foi o melhor mês do ano," disse ele. "Vou fazer disto um evento anual – apesar da minha família escolher não fazer o mesmo."

Uma colega minha conduz 20 milhas para ir e voltar do trabalho todos os dias. Ela ouvia sempre a uma estação de rádio durante aqueles trinta e cinco minutos de condução todas as manhãs. Um dia perguntei-lhe se tinha ouvido uma certa canção naquela estação. "Não" replicou ela, "o Senhor tem-me dito para não ouvir música *country*. Eu gosto muito da música *country*, mas ouvi-la durante 70 minutos todos os dias enchia a minha mente e coração com um tipo errado de coisas. Por isso, agora canto alguns hinos e oro nos semáforos a caminho do trabalho."

Se está interessado na vida de santidade, deve disciplinar-se e deixar que o Senhor monitorize os seus entretenimentos. Todos os nossos prazeres, diversões, e entretenimentos estão sujeitos a "abençoadas subtracções" quando o Espírito nos leva nessa direcção.

SUBTRAIR A COBIÇA

"Creio em Deus e todas as coisas," disse Larry, "e gostaria de ser um cristão melhor. Mas isto de ir sempre à igreja e aos grupos de estudo bíblico e todas essas outras coisas ... Bem, é mais do que o tempo que tenho. Eu trabalho noite e dia para sobreviver."

Desejei saber que tipo de sobrevivência é que o Larry estava tentar manter. Enquanto falávamos, estávamos apoiados ao seu iate de 9 metros. O seu filho dirigiu-se com o cortador de relva e abafou a nossa conversa. Depois fomos interrompidos por um outro filho que estava cansado de levar o Chevy às suas aulas de golfe – ele queria dirigir o Lincoln. Fomos para dentro para que pudéssemos falar com a Janet, a sua esposa. Ela gritou para a sua filha desligar a televisão de 45 polegadas. Ela, agente imobiliária, foi inaugurar uma casa aberta. O telefone tocou. Era o concessionário do carro – o reboque do R.V. estava arranjado e já o podiam ir buscar.

Como professor de Escola Dominical, saí desencorajado ao voltar para casa, sabendo que a cobiça em adquirir bens materiais para "sobreviver" tinha aprisionado o corpo e a alma de Larry e Janet. Às vezes penso que vivemos pela regra de que "aquele que tiver mais brinquedos quando morrer, ganha."

> **Onde há Simplicidade não há artificialidade. Alguém não tenta parecer mais novo, ou mais sábio, ou mais rico do que é – ou mais santo!**
> —Albert E. Day

Não me oponho à prosperidade. Sou a favor do trabalho árduo e da conquista. Estou também ciente de que o desejo de adquirir é o pecado que ataca este século. Estou também ciente de que não conheço nenhum gigante espiritual, nenhum modelo de uma vida espiritual profunda que sai e compra todos os dispositivos que possam pagar.

Estou muito certo que Maxie Dunnam estava certo quando dizia que a religião dos pecadores deste século é a "mobilidade do alto." Não se surpreenda se, ao chegar mais e mais perto de Deus, Ele o confrontar com os desafios sobre o porquê precisar uma casa maior, um carro novo, um jacuzzi, uma câmara – ou mesmo um bife quando um hambúrguer chegava. E não se surpreendas se, à medida que Lhe obedece, perde o interesse de impressionar os vizinhos com matrículas de carros caprichosos, ou de estar à altura dos ricos.

O primeiro passo para a simplicidade cristã é render a nossa compulsiva cobiça e "subtrair-nos" perante o senhorio de Cristo.

SIMPLICIDADE CRISTÃ

Incorporar as várias dimensões da "abençoada subtracção" das nossas vidas é descobrir a simplicidade cristã. Subtrair negócios e aumentar a solidão; subtrair o barulho e as conversas e aumentar o silêncio; subtrair a comida do corpo; subtrair os prazeres e entretenimentos e aumentar a reflexão e a meditação; subtrair a ganância materialista e aumentar a simplicidade – e aprender a falar como Paulo sobre contentamento. "Não digo isto como por necessidade, porque já aprendi a contentar-me com o que tenho. Sei estar abatido, e sei também ter abundância; em toda a maneira, e em todas as coisas, estou instruido, tanto a ter fartura, como a ter fome; tanto a ter abundância, como a padecer necessidade. Posso todas as coisas, naquele que me fortalece" (Filipenses 4:11-13).

"É um dom ser simples, é um dom ser livre" diz uma velha música. Os que descobriram a simplicidade cristã sabem o que diz a canção. A simplicidade cristã reflecte uma sabedoria interior e um conforto com a santidade da vida criada em solidão e expressa através de certa espontaneidade e alegria.[13]

A nossa cultura mede o nosso valor a partir do quanto adquirimos e o quanto ocupados somos. Se os investimentos estão a prosperar e o calendário está abarrotado, então devemos ser pessoas importantes. Mas se alguma vez esperamos desenvolver as nossas vidas espirituais, devemos procurar uma forma de tornar real nas nossas vidas, o ensino de Jesus sobre não estar ansioso pela comida, roupas e estatura. Les L. Steele define a simplicidade cristã como "uma vontade de se desembaraçar dos muitos compromissos, aliviar-nos das dívidas e obrigações que nos mantêm ansiosos e enfardados."

❧ Para Reflexão Pessoal e Acção ❧

1. Abençoada subtracção

Que aspectos da abençoada subtracção tratados neste livro são mais necessários na sua vida agora mesmo?

A. Solidão

B. Silêncio

C. Jejum

D. Subtrair prazeres e entretenimentos

E. Subtrair a cobiça

2. O Problema da "Subtracção"

Há algum problema de "subtracção" ou necessidade na sua vida não incluída neste capítulo? Se assim for, adicione isso na tua lista.

Encontrar a Deus através de Abençoada Subtracção

3. Um jogo, "faça com que isso se vá embora"

- O que teria de "mandar embora" se tivesse que subtrair a cobiça? Um segundo emprego? Reuniões do clube? Um curso de computador?
- Se a falta de solidão e silêncio estão a fazer com que a sua vida espiritual sofra, o que é que tem de mandar "embora" para poder buscar a solidão e o silêncio?
- Se os prazeres e o entretenimento estão a devorar o seu tempo, energias e dinheiro nomeie uma coisa que deve fazer como primeiro passo para que isso se "vá embora"

4. Siga a liderança do Espírito.

Não é recomendado que tente a "abençoada subtracção" como um tipo de experiência cristã moderna. Pelo contrário, procure somente a liderança do Espírito. Considere-o em oração. Não se sinta obrigado a imitar as subtracções que Deus ordenou aos outros.

5. Um Tamanho não se Ajusta a todos

Se encontrou uma certa subtracção "abençoada," não tente forçá-lo aos outros. A pior coisa que podemos fazer seria codificar e padronizar a "abençoada subtracção." Só porque o Senhor guiou uma mulher a parar de escutar a música *country* no caminho para o trabalho por causa do seu bem-estar espiritual, isso não significa que tal acção é o que todas as outras pessoas necessitam agora. E se o pastor que jejua televisão num mês ao ano requeresse que todos os membros da igreja fizessem a mesma coisa?

O Espírito sabe o que necessita e o que os outros necessitam. Ele guiará aos que têm os corações abertos à próprias "abençoadas subtracções." Assim, proponha-se a guardar as suas subtracções para si mesmo.

6. Estudo Bíblico

A. Leia Filipenses 4:8.20
B. Relacione os versículos 8-9 ao tema da "abençoada subtracção"
C. Reflicta nos versículos 10-20 como o segredo de contentamento da simplicidade cristã. Inclua "I'd rather have Jesus" [Prefiro ter Jesus] (Hino 456 do *Sing to the Lord*) nas suas devoções de estudos bíblicos.

7. Torne esta Oração sua

Oh, meu Deus, quando é que o silêncio, retiro e oração se tornarão ocupações da minha alma como são agora frequentemente o objecto dos meus desejos? Quão cansado estou de falar muito e ainda assim fazer tão pouco para Ti! Vem Jesus, vem, Tu o ... centro e suprema felicidade da minha alma!

—Thomas a Kempis

> Uma voz especial fala, que é diferente de qualquer outra voz porque fala directamente à profundidade da intimidade e do desejo e cansaço de cada um de nós que há momentos quando os séculos são soprados como névoa, e é como se estivéssemos de pé sem nenhum abrigo de tempo entre nós e aquele que diz o nosso nome secreto. "Venha," a voz diz, "até mim. Todos vós, até ao último."
>
> —Frederick Buechner

8

Encontrando Deus Através da Leitura Espiritual e da Meditação

Jesus prometeu.

Ele prometeu, "Se alguém me ama, guardará a minha palavra, e meu Pai o amará, e viremos para ele, e faremos nele morada" (João 14:23).

Como é que isso pode acontecer? Como é que isso acontece?

Ao longo dos tempos, os cristãos perceberam que uma das maneiras pela qual esta promessa é cumprida é através da *leitura espiritual*. *Lectio divina*, leitura espiritual, como é às vezes chamada, é a leitura de textos sagrados na busca de Deus. Nos tempos antigos, a leitura não era um exercício silencioso para a mente e para os olhos. Os livros eram raros, feitos à mão e caros. Eram tesouros a serem lidos em voz alta nas sociedades orais. As palavras eram proclamadas e ouvidas. Os santos escritos eram para a boca e para o ouvido assim como eram para a mente e para os olhos.

"Assim, a palavra de consolação, a frase detida, a frase que nos desafia a sermos o centro, é repetida vez após vez e, consignada à memória, continua disponível para sempre."[1] Desta forma, Deus vem a nós e faz em nós a Sua habitação. A Sua palavra está escondida nos nossos corações, a Sua casa. A promessa está cumprida. Esta leitura da santidade, como Robin Maas a chama, não é uma leitura comum. A nossa cultura ensina-nos a estudar, analisar, aprofundar e sintetizar. Esta é leitura para a informação. No caso de ler para lazer, deslizamos e lemos apressadamente. A leitura santa, não é uma leitura feita para algum propósito prático como preparação de uma pregação ou para saber mais sobre a Bíblia ou algum projecto de ajuda pessoal. A *Lectio Divina* é uma "forma disciplinada de devoção, e não um método de estudo bíblico. É feita pura e simplesmente para chegar para conhecer Deus, ser trazido diante da Sua Palavra a escutar."[2]

Quando o assunto é a leitura espiritual, não se deve correr para acabar o livro ou o capítulo ou até um parágrafo. A questão não é a quantidade, mas a qualidade. Pode ler uma passagem longa ou somente uma frase. O objectivo não é a informação – o encontro com Deus é o que importa. A leitura espiritual é geralmente associada às Escrituras, mas a mesma abordagem pode ser usada com os clássicos devocionais cristãos ou qualquer material de qualidade que eleva a alma e que é apto para aguçar a sua consciência da presença de Deus.

Envolver-se na leitura espiritual não é de maneira nenhuma minimizar ou evitar os outros tipos de estudo necessário. É dizer que esse envolvimento no estudo da Bíblia ou num grupo de estudo bíblico, digno como é, mais do que provávelmente não é o mesmo que a leitura espiritual. A leitura formativa clama por uma perspectiva diferente. Em vez de agarrar o texto, eu deixo que ele me agarre!

Como definido por Susan Muto, "A leitura formativa desafia-nos a escutar docilmente as orientações espirituais encontradas nos textos de valor duradouro. Temperamos o ocupado comboio de pensamentos que se apressam através do nosso dia de trabalho para ficarmos com textos que despertam o nosso desejo por Deus. Tal leitura, feita regularmente de uma maneira vagarosa, restabelece o nosso compromisso a Cristo e ajuda-nos a deixar de lado os assuntos periféricos."[3]

Este tipo de leitura pode ser arriscado. Nunca mais controlando o material, posso encontrar Deus a desafiar-me em novas profundidades, surpreendendo-me com novas verdades ou guiando-me ao gozo e à admiração. Embora tal risco me possa causar desconforto, a jornada é segura no Espírito Santo.

Como é que Começo?

Como, então, é que começo a minha leitura espiritual? Através dos séculos, várias metodologias foram sugeridas. Pode ter estado a fazer algo neste sentido sem contudo saber o que era. Com leves variações, eles têm os mesmos elementos básicos.

Começo por procurar um lugar onde me é fácil ficar quieto, calmo e aberto para Deus. A leitura espiritual não é feita às pressas ou a correr. Precisarei de estar calmo se espero ouvir o que Deus tem para me dizer a partir da leitura.

O passo seguinte é ler o texto, seja Escritura ou uma outra literatura de valor devocional numa maneira não apressada. O objectivo não é "passar pelo livro" mas ler até que eu seja capturado por uma palavra, frase ou pensamento. Pode ser necessário ler todo um capítulo ou pode acontecer no primeiro versículo. Isso não importa.

Por exemplo, comecei recentemente a ler o Evangelho de João. No capítulo 1, versículo 14, pela primeira vez na minha vida, fui golpeado pela frase "E vimos a sua glória." Não continuei a ler. Estava a ser encontrado pela Palavra e sabia-o.

O terceiro passo, é deixar que a palavra ou passagem entre no seu coração. Examine-a, pondere sobre ela, fale com Deus sobre ela. Quando a frase de João tornou-se viva em mim, comecei a fazer perguntas tais como: "O que significa glória? O que era a *Sua* glória? De que maneira é que eu vejo a Sua glória na minha vida?" Prontifique-se para deixar que Deus fale ao seu coração.

Leitura Espiritual leva à Oração e Meditação

A leitura espiritual naturalmente leva à meditação. É a resposta normal para uma leitura que atraiu a nossa atenção e tocou os nossos corações. Elevo os meus olhos da página e medito no seu significado, escutando a orientação de Deus. A leitura espiritual é a "oração que começa como *diálogo* e termina como um *dueto*."[4]

> Tornamo-nos servos mais do que mestres da palavra.

A Chamada do Alto
—Susana Muto

Este movimento gracioso da leitura para a meditação ilumina a maior diferença entre a prática cristã e formas orientais. A meditação cristã é baseada nas Escrituras. Não é nova. O facto de ser tão pouco conhecida e praticada na igreja hoje é uma tragédia. Equacionando isto com as versões do dia moderno do yoga, da meditação transcendental e do ocultismo é como comparar maçãs com laranjas. Há algumas características semelhantes, mas são basicamente e fundamentalmente diferentes.

A meditação cristã começa e especializa-se na meditação das Escrituras. Outras fontes podem também ser usadas de tempos em tempos, tais como a leitura espiritual, natureza, e experiências da vida. Contudo, a Escritura continua a ser o fundamento. As formas orientais de meditação, de uma maneira ou de outra, leva ao esvaziamento da mente e aborda o desapego etéreo do mundo. É um movimento fora da vida, uma perda de identidade e uma tentativa de se libertar desta existência.

A meditação cristã, pelo contrário, busca encher a mente e o coração com a sabedoria e presença de Deus. Aprofunda a nossa identidade em Cristo e aumenta a nossa consciência de quem somos n'Ele. Sintetiza-nos não somente à beleza do nosso mundo mas também à sua feiúra, injustiças e sofrimentos. Somos chamados ao envolvimento como luz num mundo de trevas. Como Susana Muto o expressa, "A meditação aumenta a nossa compreensão de vida. Ensina-nos a continuar em compaixão."[5]

Em suma, a meditação é a parte de escutar da oração. É o acalmar do interior ruidoso e o focalizar na resposta amorosa e orientação de Deus. O objectivo não é figurar o problema teológico na construção da palavra textual mas parar na maravilha do temor e humildade no mistério divino – e escutar.

J.I. Packer chama a meditação, "uma actividade do santo pensamento, conscientemente posicionado na presença de Deus, debaixo do olho de Deus, pela ajuda de Deus; como um meio de comunhão com Deus … deixar que a Sua verdade faça o seu inteiro impacto na mente e coração de alguém."[6]

Então, como meditamos? Há de longe muitos métodos a correr nestas curtas páginas, mas aqui estão alguns passos iniciais.

Depois de seleccionar a passagem a ser usada, dê-se tempo para lê-la devagar e completamente. O passo seguinte é lê-la outra vez, várias vezes se necessário, procurando um foco, tais como uma palavra ou um tema. Fique com o foco o tempo que achar necessário. Pondere, olhe para ela a partir de vários ângulos, e escute o que Deus lhe quer dizer.

Encontrar Deus Através da Leitura Espiritual e da Meditação

É aqui que o diário é útil. Anote o que vem até si. Porque a meditação leva à resposta para a vida. Traz um aprofundamento que chama por um envolvimento com o nosso mundo, mudança da vida e um sério sentido de responsabilização.

Vamos falar do problema importante. Na nossa moderna cultura americana, com a sua ênfase na actividade frenética e horários cheios, é possível levar a meditação para a nossa rotina diária?

Por exemplo, como é que a mãe trabalhadora que cuida dos seus filhos, encontra tempo de meditação? (Apesar de haver cristãos mestres nesta disciplina espiritual, são os primeiros a dizer que esta é para toda a gente. Não há segredos, nem níveis mais altos de conhecimentos ou cumprimento. Somos todos principiantes, e o simples facto permanece de que aprendemos a meditar meditando.)

Voltando à mãe trabalhadora com o horário sobrecarregado: ela não consegue encontrar momentos de meditação entrelaçados nos seus dias ocupados? O que é feito dos minutos entre os compromissos, o quieto almoço sozinha, aquelas ilhas de silêncio no nosso dia que facilmente negligenciamos? Os nossos automóveis, como sugere Susan Muto, podem ser as nossas cavernas eremitas, assim falando. Se estiver a tomar atenção para ter uma condução cuidadosa e nego ser encontrada no jogo de "Quem arranca primeiro?" e "Como ousa não me deixar passar" acho que esse é o tempo de galardão da prática da Sua presença.

> **A meditação é simples e natural, como o crescimento de semente até tornar-se uma árvore. Ao mesmo tempo requer certas condições, condições não providenciadas pelo mundo secular de hoje.**

Num semáforo, observo intencionalmente o que me rodeia, focando no quão bom é viver, ou orar pela minha família. Quando os quilómetros vão passando inadvertidamente, falo com Deus sobre grandes assuntos da minha vida. Ao desligar a rádio e ao usar cassetes que criei para esse propósito, a minha viagem diária pode ser, com certeza, um bom tempo de meditação.

Os resultados deste modo de vida são dignos da jornada. Providenciará benefícios psicológicos e físicos de outras formas de meditação, mas muito, muito mais. Embora possamos tropeçar no começo, a habilidade de meditação cresce e amadurece como qualquer outra habilidade fielmente praticada. É um modo de vida, não algo que é construindo e esquecido como um baloiço.

A meditação é opcional para o viajante na auto-estrada para a santidade? Acho que é requerida e devo tentar formar um clima no qual a leitura espiritual e a meditação possam crescer.

Morton Kelsey compara a semente em crescimento e o solo no qual está a crescer ao desenvolvimento da arte de meditar na vida espiritual. Ele aponta que as gigantescas madeiras vermelhas começaram com uma semente. "De uma semente cresce madeira suficiente para decorar várias centenas de casas."[7] A alma, anota Kelsey, tem esse tipo de potencial – se o ambiente é propício. Ele aponta um outro aspecto da analogia. "Lembra que somente em poucos vales de montanhas haviam condições propícias para o Sequóia gigante, a gigantesca madeira vermelha, crescer."[8]

A meditação é semelhante a isso. É "simples e natural como semear uma semente e tornar-se árvore. Ao mesmo tempo requer condições propícias, condições não providenciadas pelo mundo secular moderno."[9]

Aprenda a arte de meditação. Dê à sua alma uma oportunidade para crescer.

À medida que o material no qual meditamos se integra nas nossas vidas, vemo-nos a crescer à semelhança de Cristo. Achar-nos-emos a pensar, imaginar e decidir numa base alargada e aprofundada de entendimento e sabedoria espiritual. Seremos capazes de escutar a Deus com mais precisão. Seremos mais capazes de tocar o mundo dolorido e a mostrá-lo na presença do amoroso e curador Deus.

O hinário é uma fonte maravilhosa de leitura meditativa. Ideias formativas são captadas nos padrões rítmicos que auxiliam a meditação. A sintonização de hinos familiares auxiliam o fluir de ideias para o nosso ser interior.

Não se preocupe em medir as habilidades de meditação dos outros. Comece – hoje. Deixe que o Espírito Santo o guie em como começar. Comece com a Bíblia e um diário para captar os seus pensamentos.

✤ Para Reflexão Pessoal e Acção ✥

1. Marque um dia e hora definidos para começar com leitura e meditação espiritual.

2. Procure um lugar isolado. Aquiete-se diante do Senhor.

3. Leia o "hino *Kenosis*," a passagem sobre Jesus "esvaziando-se a si de tudo mas amar" com o fim de produzir a nossa salvação – Filipenses 2:5-11.

Encontrar Deus Através da Leitura Espiritual e da Meditação

4. Leia a passagem devagar, saboreie, prove-a e receba-a no seu coração.

5. Renda-se a Cristo. A leitura espiritual é um acto de estar rendido à Sua palavra. Não está a tentar dominar o texto – está a buscar ser dominado por ele.

Um diário ajuda-te a ver se estás ainda no caminho ou se te desviaste em algum lugar, nalguma mancha agradável que te enganou.

—Robert Wood

9

Encontrando Deus Através de um Diário

A descoberta de escrever um diário como uma disciplina espiritual em anos recentes tem introduzido uma dimensão serendipita de *hilaritas*, de alegria, no estilo de vida santo. Tem também ajudado os cristãos a manterem as suas vidas focalizadas nas coisas que mais importam. O diário cristão não medirá a vida por colheres de café nem afasta as suas melhores energias "vagando sobre campos de fantasias murchas e o quotidiano."[1]

"Mas nenhum versículo da Bíblia nos manda manter um diário," levantou-se e disse bruscamente uma jovem mulher impetuosa em objecção.

O líder do seminário cambaleou e tentou encontrar algo para dizer. Mas antes que ele se pudesse recuperar, um cavalheiro de meia-idade virou-se sorrindo para a eriçada objectora. "Verdade, minha querida," disse ele, "mas a Bíblia em si mesma é um diário."

Ele estava bastante correcto, eu acho. Os Evangelhos são o diário de lembranças dos "quatro evangelistas." Muitos dos Salmos são como diário de entrada poética das conversas de David com Deus sobre o pecado e salvação, lei e amor, falhas e fé. As Epístolas de Paulo muitas vezes soam como diários de adversidades partilhadas e encorajamento mútuo. Era permitido que as igrejas nestas cartas olhassem pelos ombros de Paulo e directamente no seu coração ao registar os caminhos, as agonias, e alegria do serviço cristão.

A Chamada do Alto

Ter um diário não é algo novo. Tem sido praticado ao longo dos séculos. Fazer anotações faz parte da tradição espiritual wesleyana. John Wesley mantia um diário que ainda está a ser reimpresso nestes dias. Além disso, ele persuadiu (quase requereu) que todos os seus pregadores e líderes leigos mantivessem um diário. A era do reavivamento wesleyano é dos melhores registos e mais estudado na história da igreja. A razão para tal, são os pequenos e grandes diários dos Metodistas, que estão ainda disponíveis.

> **As complexidades da vida parecem mais simples, as tempestades da vida mais calmas quando são escritas nos nossos diários de oração e oferecidos ao Senhor.**

Fazer anotações não é um requisito como é a oração. No final, haverá pessoas sem diários no céu. Para algumas pessoas isso não funciona muito bem. Algumas contestam-no – usualmente por razões não dignas. "Eu não tenho tempo," dizem algumas ao usar o comando para assistirem uma novela na televisão. Alguns temem que outros, talvez membros da família, leiam o seu diário e encontrem coisas que nunca se pretendeu que fossem do conhecimento público. Mas o problema de privacidade pode ser facilmente resolvido.

Sonde a pessoa que resiste em ter um diário e muitas vezes o problema é o medo de se encararem honestamente. "A luxúria é o problema de dominar demasiado a minha vida", confessou um homem. "Eu odeio-me, mas tento pôr isso fora da minha mente. A última coisa que necessito é pôr as minhas humilhantes tentações por escrito todos os dias." Com certeza, se este crente lutador tiver vitória sobre o seu pecado, ele deverá encará-lo - não esquecê-lo. Talvez fazer anotações diárias seria a disciplina espiritual que o poderia ajudar a colocar-se em aberto na presença de Deus, o Libertador.

PORQUE É QUE DEVO TER UM DIÁRIO ESPIRITUAL?

Fazer anotações cristãs acena-nos avidamente para um pacote de benefícios generosos. Aqui está a minha lista dos benefícios que o diário tem.

1. O benefício primário que excede em valor tudo nesta lista, é que **fazer anotações pode promover um relacionamento mais aprofundado com Deus.**

Encontrar Deus Através de um Diário

2. **O diário providencia uma maneira de registar os momentos decisivos e principais das nossas vidas.** Providencia uma forma de descobrirmos os padrões das nossas vidas, sejam construtivos ou destrutivos. Depois de juntar materiais necessários, já temos os dados que nos ajudarão a reflectir para onde é que a nossa vida está a ir. Ajudar-nos-á a definir os hábitos e padrões que iludiram a nossa atenção. Seremos capazes de nos regozijar das formas positivas na qual Deus está a operar e providenciar uma correcção para os padrões negativos que aparecem.

3. **O diário providencia um** método de registar as próprias e únicas histórias das nossas vidas. A sua jornada na terra é única; é como se não houvesse outra. No seu diário, poderá captar as características, movimentos, sucessos e fracassos da sua vida. O diário torna-se o seu próprio drama. Ninguém mais passa este caminho senão você. O diário torna-se um amigo e não um tirano.

4. **O diário é uma forma de autodescoberta e de auto entendimento. Quanto nos faz crescer** quando descobrimos como é que escrevemos uma verdade sobre nós mesmos. É comum para os escritores de diários serem apanhados de surpresa a exclamar, "Eu não sabia que eu era assim!" ou "Eu estava totalmente sem saber que fazia isso até o ter escrito!" Esteja preparado para aprofundar o discernimento e o crescimento da auto consciência, que leva a uma maturidade da consciência de Deus.

5. **O diário pode ser uma ferramenta para a sobrevivência, um bote salva vidas nas tempestades da vida.** Quando não podemos recorrer a mais ninguém, podemos recorrer aos nossos diários. Neles podemos contar as coisas como elas são, escrever as nossas situações e as nossas respostas para elas. Quando problemas, complexidades e confusões são escritos, tendem a perder o seu poder opressivo. Já no papel, em vez de andar eternamente ao redor das nossas mentes como tempestades lançadas nos mares, os nossos pensamentos e imaginações tornam-se objectivos, em preto e branco. De alguma maneira, eles estão amedrontados e nós conseguimos lidar com eles.

6. **Escrever num diário pode providenciar os meios de tomada de decisões e definição de objectivos.** Lembro-me que há vários anos atrás encarei a maior mudança na minha carreira. Ao encontrar um canto no terceiro piso da biblioteca de uma universidade, trabalhei os meus pensamentos e decisões no meu diário. Até hoje, quando as dúvidas se levantam, posso voltar àquelas quatro horas

de "conversa" com o meu diário, ler o que escrevi e voltar àquela experiência. A dúvida foge e sinto-me tranquilizado.

7. **O diário pode ser uma forma de oração.** As pessoas que estão a aprender a usar o diário muitas vezes observarão, "Isto é como uma oração." E é. Quando escrevia uma secção, houve alturas em que comecei logo a orar ao Senhor. Foi tão natural, tão propício. Alguns têm escrito cartas para o Senhor. Quando os nossos escritos no diário começam a tocar as áreas profundas das nossas vidas espirituais, já é oração. É contacto e conversação com o Cristo ressurecto.

8. **O diário cria o registo do seu crescente, sagrado amor com Deus.** Que alegria, em ler, outra vez aquele registo e descobrir que Deus estava a operar! A nossa fé é fortalecida ao lermos e ao observarmos que não somos os mesmos. Os dias das nossas vidas parecem passar sem distinção com essa uniformidade. Mas o nosso diário diz-nos algo diferente. Deus tem estado aqui, ali, nessas actividades seculares e dias incessantes e nós estamos a ser tornados verdadeiramente santos!

O QUE SE INCLUI NO DIÁRIO?

Aqui estão algumas directrizes para formar e usar um diário da vida espiritual.

1. Mantenha-no simples.

2. Comece suavemente, sem pressão de o conformar ou imitar qualquer outra pessoa. O que vem naturalmente a si é o que importa.

3. Tenha o hábito de pôr a data, hora e local de cada página do diário. Isto ajuda nas reflexões posteriores e na substituição de uma página perdida.

4. Lembrar que o diário é algo como uma agenda, mas no qual não são registados somente dados, mas também emoções, impressões, intuições e interpretações.

5. Mantenha-o – determine prestar fiel atenção ao seu diário pelo menos durante seis meses. Nessa altura, os benefícios podem começar a serem "colhidos". Pelo menos os padrões básicos da sua vida podem ser discernidos nessa altura.

6. Use o diário para construir uma lista de orações ou diário de orações. Aqui está um contínuo registo dinâmico de pedidos de oração, quando eles foram primeiramente escritos e quando e como é que foram respondidos. Que grande crescimento de fé é voltar a ver as listas meses ou anos mais tarde!

7. Uma secção pode conter também orações escritas. Há momentos em que devo pôr no papel o que vai no meu coração.

8. Uma outra secção do diário poderá conter discernimentos escriturísticos. Durante a sua leitura devocional das Escrituras, mantenha o diário fechado na mão. Depois de pôr a data, registar a hora do dia e o lugar onde escreve (escritório, recanto, biblioteca, avião), escreva qualquer pensamento, discernimento, e/ou pergunta que surja na sua leitura. Que significados é que tornaram claras nesta leitura? O que é que Deus está a falar a si nesta passagem? As possibilidades são infinitas e estas pedras preciosas captadas da Palavra de Deus tornam-se inestimáveis.

9. Uma outra secção do diário poderá conter escritos concernentes a eventos significantes como casamentos, nascimentos, funerais, formaturas, realizações significantes etc.

10. Outras secções poderão ser devotadas a coisas como conversas com Deus, um registo de palpites criativos e ideias e uma página confessional.

UMA ABORDAGEM MAIS ESTRUTURADA PARA OS NOVATOS

Se a sua personalidade necessita de uma estrutura mais específica que a apresentada na secção precedente, deve gostar do seguinte plano.

Tente planear um período de 20 minutos à noite para fazer anotações. Antes de escrever o que quer que seja, recorde o seu dia de acordo com as suas memórias passadas. Escolha os encontros significativos, ideias, eventos - agradáveis ou não - que dão "aroma" à memória do dia.

Já está pronto para escrever. Pense na linguagem poética e simbólica. (Sei que não é um escritor - mas faça o melhor que pode). Tente captar pensamentos e sentimentos. Descreva os eventos em detalhes gráficos. Conte a história destes eventos seleccionados.

> As anotações ajudam-nos a ver o quão direito Deus escreve nas linhas tortas da vida.

A Chamada do Alto

O segundo passo é reflectir e interpretar os eventos ou pensamentos do dia. Relacione as experiências específicas ou as verdades básicas e infinitas mais amplas que ficam por detrás. Se, por exemplo, uma experiência de sofrimento dominou o seu dia, deve escolher relacioná-la à natureza redentora de sofrimento e ao sofrimento que tornou possível a salvação. Um homem, forçado a aposentar-se cedo por causa de colegas conspiradores, escreveu no seu diário, "Pelo menos não me levaram para fora nem me crucificaram como fizeram com o meu Senhor." Isto ajudou-o a ter uma boa perspectiva das suas próprias desgraças.

Robert Wood sugere responder a estas questões de "revisão do dia" para fazer com que os resultados do diário fluam.

Em que momento se sentiu mais perto de Cristo?

Em que momento durante o dia é que sentiu que estava a responder à chamada de Deus para ser Seu discípulo?

Onde é que participou em "ser igreja" hoje?

Quando é que a sua fé foi provada através dos fracassos ou sucessos hoje?

Qual é o seu plano para amanhã para melhorar o seu discipulado em Cristo?

Escolha o tipo de livro para o seu diário que o atraia. Alguns usam livros encadernados com páginas em branco, outros preferem um caderno simples, eu prefiro um bloco mais pequeno. É fácil criar as divisórias das secções que necessito, as páginas podem ser tiradas e recolocadas para facilitar a leitura e a recolha de material e é suficientemente pequeno para levar comigo nas viagens.

Tenha em mente que não está a escrever para obter uma nota – está a escrever para si mesmo e para Deus. Tente fazer anotações por pelo menos seis meses. Achará que valeu a pena o esforço. Poderá descobrir nelas tudo o que a Susan Muto encontra:

Torna-se uma entrada para a busca universal do significado espiritual. Nutre uma abordagem brincalhona, cheia de esperança para o viver. Longe de ser uma disciplina severa, manter o diário torna-se uma condição para a possibilidade da expressão livre, criativa, pessoal, trazendo-nos à comunhão com Deus. Torna específicas as maneiras nas quais Ele opera na nossa vida. Sentimos o poder e a gentileza do Senhor na dotada natureza destes eventos. A palavra escrita invoca o nosso consentimento ao Seu plano, um "sim" livremente dado porque fazer anotações ajuda-nos a ver mais claramente o quão direito Ele escreve nas linhas tortas da vida.

❧ Para Reflexão Pessoal e Acção ❧

1. Estudo Bíblico

A. Leia Filipenses 1:1-11 pelo menos duas vezes.

B. Anote as palavras e frases de "sentimentos." Aqui estão algumas delas: "obrigado", "alegria", "comunhão", "tenho-te no meu coração", "eu anseio por ti com afecção." Há muito mais. Olhe para elas e aliste-as.

C. Se fores como muitas pessoas, pensa em Paulo como um missionário de mente obstinada. Não teríamos conhecido o amor que ele sentia pelos seus amigos cristãos se não lhes tivesse escrito.

D. Quando os filipenses leram estas palavras, o que pensas que sentiram, pensaram e fizeram?

2. Começar um Diário

A. Se ainda não tem um diário, comece um hoje. Use qualquer forma que gostar depois de considerar as ideias neste capítulo.

B. Se preferir uma abordagem estruturada, tente esta:
Divida uma folha de duas páginas do seu diário em cinco secções.

1. A minha vida espiritual

2. A minha vida relacional

3. A minha vida intelectual

4. A minha vida física

5. A minha vida de serviço cristão.

Na secção da "vida espiritual" anote qualquer aspecto das suas devoções, frequência na igreja, vida de oração que foi significativa – ou que foi improdutiva – durante as últimas 24 horas.

Na secção da "vida relacional" coloque quaisquer problemas ou progressos na sua família, casamento, escola ou relacionamentos vocacionais. Apresente-os todos ao Senhor.

Ao espaço etiquetado "vida intelectual" anote coisas importantes que aprendeu no seu estudo da Bíblia. Os cristãos em crescimento estão sempre a estudar a Bíblia, certo? Os discernimentos de outros estudos, seculares ou sagrados, podem também ser registados aqui.

Na categoria da "vida física" registe os seus pensamentos, sobre o exercício, lazer, saúde e doença – e o interesse e relacionamento de Deus com eles.

No espaço marcado "serviço cristão" anote as maneiras nas quais testemunhou por Cristo e O serviu e às pessoas pelas quais Ele morreu.

Os filhos do Criador vêm numa variedade infinita. Diante disso, como é que é a formação espiritual em diferentes personalidades?

10

Encontrando Deus Através da Nossa Própria Singularidade

"Como um pai se compadece dos seus filhos, assim o Senhor se compadece daqueles que o temem, pois ele conhece a nossa estrutura; lembra-se de que somos pó" (Salmo 103:13-14).

O salmista estava subtilmente ciente de que Deus entende as nossas fragilidades. Ele não lida connosco como automáticos ou robôs – toda a gente exactamente da mesma forma. Deus não usa um cortador de bolachas para criar os seres humanos – mil replicas em sequência.

O Nosso Criador Gosta de Variedade

Annie Dillard, um cientista que ama a natureza, escreveu pequeno livro fascinante chamado o livrinho que teve lugar num belo cenário montahoso. Ela celebra a complexidade e a variedade do mundo da natureza que o Criador nos deu. Ela convida o leitor a envolver-se intimamente em observar estes maravilhosos dons: "Vemos um pedaço da possível combinação infinita de uma infinita variedade de formas ... Isto, então, é a extravagante paisagem do mundo, dada, dada com glamor, dada em boa medida, recalcada, sacudida, misturada e transbordante."[1]

A Chamada do Alto

Os filhos do Criador vêm também numa infinita variedade. Parei na esquina de uma rua em Winnipeg, Man., há poucos anos atrás e maravilhei-me com a variedade das pessoas que Deus criou. A variedade e extensão de estudantes que vieram à minha sala de aula neste último quarto de século serve somente para reforçar o conceito. Multifacetados e matizados, com certeza, são as criaturas que Deus colocou neste mundo.

Variedade e Formação Espiritual

Dado esta larga e pulsada variedade, qual é a aparência da formação espiritual? Como é que a graça funciona em diferentes personalidades e em diferentes culturas? Quando o Pai tem compaixão dos Seus filhos, como é que essa compaixão difere de pessoa para pessoa?

Como já vimos, toda a formação espiritual é a função da graça que Deus nos concedeu. Segundo, como o primeiro capítulo nos apontou, a essência da formação espiritual é a crescente comunhão com Deus.

Assim como não há duas pessoas exactamente iguais, da mesma forma não há dois relacionamentos idênticos. O facto dos relacionamentos variarem e as pessoas diferirem sugere que os meios da graça funcionarão diferentemente para diferir os tipos de personalidades. Numa conferência internacional sobre a diferenciação de personalidade, o orador principal, Morton Kelsey, estimou que 80 porcento dos livros das disciplinas sobre a vida espiritual são escritos por 20 porcento dos estilos de personalidade. Garantindo que era um exagero para o efeito, capta o ponto de que as disciplinas na vida espiritual devem estar intrelaçadas às diferenças de personalidade.

Lembre-se que as disciplinas em e elas mesmas não criam crescimento. As disciplinas espirituais são métodos úteis pelos quais nutrimos o nosso relacionamento com Deus.

Dallas Willard escreve: "Uma disciplina para a vida espiritual é, quando a poeira da história é soprada, nada senão uma actividade empreendida para nos trazer a uma cooperação eficaz com Cristo e com o Seu Reino ... disciplinas espirituais ... São somente actividades empreendidas para nos capacitar a receber mais da Sua vida e poder sem prejudicar nós mesmos ou aos outros."[2]

Sempre que alguém vier a nós para obter orientação espiritual, somos tentados a orientá-lo(a) para qualquer disciplina particular que está a nutrir-nos actualmente. Assumimos que todos funcionam como nós funcionamos. Tal suposição priva os outros ao acesso aos modos nos quais a graça de Deus pode tocar as suas vidas.

Encontrar Deus Através da Nossa Própria Singularidade

A mesma verdade funciona nos estilos de adoração. Quando os padrões de adoração satisfazem um único estilo de personalidade (frequentemente estilo de quem cria a ordem do culto), a maioria das pessoas é menos edificada. Quando aprendi que o meu padrão de personalidade aparece só em 5 porcento da população geral, concluí que o padrão da adoração que melhor atendia às minhas necessidades era frustração para uma esmagadora maioria.

> **Disciplinas espirituais ... são somente actividades empreendidas para nos capacitar a receber mais de Sua vida e poder**

Uma conferência sobre personalidade e preferências de adoração enfatizou este ponto. Cada um dos 60 participantes (variando da Católica para Quacre) tinha feito o teste de personalidade Myers-Briggs. Cada conferencista identificou a sua preferência de personalidade num cartão de 3cm × 5cm. Pediram que escrevêssemos quatro cartas descrevendo o nosso tipo particular de personalidade. No lado oposto listamos quatro dos nossos hinos favoritos. Os líderes ordenaram os cartões de acordo com o tipo de personalidade. Depois, antes de os virar, ele previu nossos hinos favoritos com 70 porcento de precisão. Ficámos todos surpreendidos – mesmo a nossa variedade era previsível.

VARIEDADE E O CORPO DE CRISTO

Quando Paulo escreveu aos coríntios, compreendeu que Deus era o centro deste grupo diverso. Pense comigo sobre o significado de 1 Coríntios 12:4-12 à luz de formação espiritual:

Ora, há diversidade de dons, mas o Espírito é o mesmo. E há diversidade de ministérios mas o Senhor é o mesmo. E há diversidade de operações, mas é o mesmo Deus que opera tudo, em todos. Mas, a manifestação do Espírito é dada a cada um, para o que for útil. Porque a um, pelo Espírito, é dada a palavra da sabedoria; e a outro, pelo mesmo Espírito, a palavra da ciência; e a outro, pelo mesmo Espírito a fé; e a outro, pelo mesmo Espírito, os dons de curar; e a outro, a operação de maravilhas; e a outro, a profecia; e a outro, o dom de discernir os espíritos; e a outro, a variedade de línguas; e a outro, a interpretação das línguas. Mas um só e o mesmo Espírito opera todas estas coisas, repartindo particularmente, a cada um, como quer. Porque, assim como o corpo é um, e tem muitos membros, e todos os membros, sendo muitos, são um só corpo, assim é Cristo também.

Considere o modo no qual a diversidade se relaciona com a formação espiritual. A riqueza na vida do Corpo de Cristo é a diversidade de personalidade e de contexto e hereditariedade e ambiente. Não é surpresa então, que as disciplinas da vida espiritual funcionem em modos diferentes para diferentes tipos de personalidades – e até de forma diferente para o mesmo tipo de personalidade em diferentes estágios da vida.

O mesmo Deus cujas habilidades de sintetização e coordenação torna o corpo em um só é o Deus que agracia as relações que reconhecemos como formação espiritual. O mesmo Espírito que coordena o Corpo de Cristo é o Espírito que apascenta indivíduos no desenvolvimento espiritual. Graças a Deus pela Sua variedade! Ele realmente tem bom gosto.

Estilo de Personalidade como
chave para os meios da graça

Muitos instrumentos diferentes estão disponíveis para ajudar a entender o efeito da preferência da personalidade para o funcionamento dos meios da graça. Um exemplo é o indicador de personalidade Myers-Briggs (geralmente conhecido como MBTI)[3], que é usado para discutir o papel do tipo de personalidade em áreas tão diversas quanto o estilo educacional, o estilo de liderança, escolha de casamento, e muitos outros.

Nas próximas páginas as categorias de MBTI serão usadas para ilustrar algumas dessas diferenças de personalidade à medida que impactam a formação espiritual. Algum material bastante técnico e difícil de compreender. Não te preocupes com isso, mas compreenda que o Senhor trabalha connosco individualmente à luz do Seu conhecimento das nossas diferentes personalidades.

O MBTI mede preferências em quatro diferentes áreas. Estas medidas estão em contínuo de um extremo para o outro, com o reconhecimento básico de que todas as pessoas combinam alguns elementos de cada extremo.

(E) Extroversão ...... Introversão (I)
(S) Sensação .... Intuição (N)
(T) Pensar .... Sentir (F)
(I) Julgar .... Perceber (P)

Encontrar Deus Através da Nossa Própria Singularidade

Extroversão e Introversão: Focaliza o externo ou focaliza o interno

A primeira escala (Extroversão-introversão) mede o foco principal do indivíduo. Algumas pessoas focam-se primariamente no mundo exterior das pessoas e dos objectos. A sua energia psíquica está direccionada para o mundo fora delas. Estas pessoas são conhecidas como *Extrovertidas*. Elas gostam de falar e rir com os outros, muitas vezes entre a multidão. Elas encontram renovação nos relacionamentos com muitas pessoas diferentes. Por outro lado, os *Introvertidos* focalizam a sua energia e interesse no mundo interior de ideias e ser. A sua gama de amigos é estreita e revelarão as suas obras internas somente depois de realmente o conhecer.

As habilidades sociais e a interacção pessoal não são pistas para esta escala. Os *introvertidos* podem ser igualmente habilidosos na interacção social, mas acham-no cansativo. Enquanto os *extrovertidos* buscam energia e renovação nos relacionamentos interpessoais, o *introvertido* busca a renovação na solidão.

Esta preferência dá imediatamente cor ao desenvolvimento espiritual. O *extrovertido* prefere o grupo de estudo bíblico e a discussão em pequenos grupos e o orar junto dos outros. Se um *extrovertido* chegar a grandes discernimentos quando estiver sozinho, ele ou ela não consegue esperar até encontrar alguém com quem partilhar a nova ideia. Os seus interesses são de servir outros e alcançar com o evangelismo.

Os *introvertidos* preferirão o estudo bíblico privado onde podem reflectir em silêncio no significado. A oração torna-se uma experiência interna com Deus que é violada se estiverem outros ao redor a distraírem. Discussões em pequenos grupos deixam-nos muito incomodados. Na adoração, os *extrovertidos* disfrutarão do processo do grupo a cantar e a algazarra quando toda a gente se vira e aperta as mãos a fim de "passarem a paz." O *introvertido* prefere os momentos quietos quando ele ou ela se vira para si mesmo e encontra a renovação espiritual.

Recolher Informação – pelos Sentidos ou Intuições.

A segunda escala (sensação-intuição) mede o método pelo qual preferimos recolher a informação. As pessoas que desenvolvem habilidades de *sensação*, quer se foquem no mundo externo ou no interno, estão atentos para recolher informação. Estão interessados em realidades específicas e concretas. O aqui-e-agora com todos os seus factos e detalhes é de interesse primário.

O *intuitivo*, por outro lado, usa o inconsciente e a imaginação para se focar nas possibilidades do futuro. Eles recolhem informação em unidades amplas sem se preocuparem com o particular. Muitas vezes parecem ser sonhadores com a cabeça nas nuvens.

Nas categorias de desenvolvimento espiritual, a necessidade destas duas abordagens são bastante diferentes. No estudo da Bíblia, por exemplo, os tipos *sensitivos* trabalharão com detalhes específicos na passagem sob consideração. Eles farão perguntas factuais e usarão todo o sentido para recolherem informação. Orarão com especificidade concreta – até perdendo-se nos detalhes. São muito práticos em abordar as coisas espirituais – especialmente na adoração. As características externas específicas do santuário serão muito importantes para eles.

Os *intuitivos* oram com imaginação e celebram o mistério de Deus e a Sua presença. Focalizam-se no metafórico e simbólico no estudo bíblico. Na adoração absorvem a total atmosfera à procura da presença divina.

Organização de Informação – ao reflectir ou nos valores das pessoas.

A terceira escala avalia a maneira como as pessoas preferem organizar a informação recolhida. O tipo *pensar* usa a lógica e análise para organizar os dados recolhidos – com interesse para a justiça, objectividade e clareza. Frequentemente não se importam com o sentimento dos que os cercam quando buscam a verdade autoritária que os libertará. Muitas vezes desejam sacrificar relacionamentos buscando a verdade objectiva.

> Cada um de nós pode crescer no relacionamento com Deus à luz das nossas preferências, contexto e singularidade!

No desenvolvimento espiritual, os do tipo *reflectir* estão sempre interessados na provocação do pensamento. Os seus sermões favoritos são os informativos e profundos. As suas orações são muitas vezes escritas a fim de obter precisamente o conceito certo das palavras. A clareza cognitiva na adoração é o valor primário. Eles muitas vezes ficam cientes da presença de Deus depois de pensarem numa grande ideia. Provavelmente entrarão no céu primeiro pela cabeça.

Por outro lado, os do tipo dos *sentidos* organizam a sua informação (tanto recolhida por sensação ou intuição) com interesse pelas pessoas. Estão mais interessados nos valores e relacionamentos do que com a lógica da verdade. Têm sido conhecidos por sacrificar a lógica a fim de promover harmonia entre as pessoas envolvidas.

Encontrar Deus Através da Nossa Própria Singularidade

Os do tipo dos *sentidos* têm provavelmente os seus "corações estranhamente aquecidos" e provavelmente entrarão primeiro com o coração. Gostam da intimidade com o grupo de oração. Gostam de hinos de alegria e celebração que recontem encontros antigos com Deus.

Estes tipos (sentimento e pensamento) comportam-se de forma diferente dependendo se são extrovertidos ou introvertidos, se percebem ou julgam, se são sensitivos ou intuitivos.

Imagine como estas diferenças se mostrarão no estudo da Bíblia. Leve uma passagem tal como a história dos dois discípulos a caminho de Emaús começando em Lucas 24:13. O tipo *sensação* vai juntar os factos e os detalhes da história: convide o tipo *intuitivo* para se focar na imagem total e falar da forma na qual o Senhor respondeu aos discípulos seriamente deprimidos. O tipo *pensar* estará pronto a identificar os princípios envolvidos na interacção de Jesus com os discípulos. Finalmente, o tipo *sentimento* quererá discutir a forma na qual diferentes pessoas foram afectadas pelos eventos. *Os extrovertidos* saltarão rapidamente para a discussão e os *introvertidos* quando finalmente falarem, terão ricas coisas para contribuir.

Estruturado Versus Espontâneo

A quarta escala mede a atitude de alguém para com a vida. As pessoas que têm uma forte preferência na escala de *julgar* preferem a ordem e a estrutura com um plano claro de operações. Lidam com o seu mundo de uma forma decisiva e organizada. Sentem-se muito desconfortáveis com a espontaneidade e desordem.

Tais pessoas gostam de cultos estruturados e litúrgicos. Elas querem livros devocionais que têm respostas sólidas e orientações claras. Oram da mesma maneira dia após dia e ano após ano. Já passaram mais de 40 anos desde o tempo em que partilhava regularmente as refeições com o meu pai, mas ainda consigo repetir a sua oração.

O extrovertido que prefere este estilo organizado quer um previsível *externo* mundo. O introvertido que prefere este estilo organizado depende de um mundo *interior* ordenado.

Por um lado, as pessoas que preferem *perceber*, ficam muito desconfortáveis – até desanimadas – com a previsibilidade e o padrão operacional do procedimento. Elas adaptam-se à vida a medida que ela acontece – sempre à espera por mais dados e outras opções. Espontaneidade, flexibilidade estão na ordem do dia. Outra vez, a preferência para a extroversão ou introversão determina como esta preferência aparece - se estiver focado no mundo exterior das pessoas ou no mundo interior das ideias e ser.

Nas disciplinas espirituais, as pessoas que preferem espontaneidade desejarão mudanças. Experimentarão padrões diferentes de oração. Eles preferem o inesperado no culto de adoração e reuniões de pequenos grupos.

> **É também um desafio conhecermo-nos suficientemente bem para sermos capazes de desenhar uma estratégia para nutrir o nosso relacionamento com Deus.**

É um grande desafio para a igreja providenciar actividades espirituais e orientação para estas duas diferenciadas preferências de personalidade. É também um desafio conhecermo-nos suficientemente bem para sermos capazes de desenharmos uma estratégia para nutrir o nosso relacionamento com Deus.

Cada pessoa carrega uma combinação destas preferências. Cada um de nós tem alguma preferência para a organização e previsibilidade e cada um de nós tem alguma preferência pela espontaneidade. Deus realmente criou um mundo de diversidade e variedade! Quão interessante é este processo de construir um relacionamento com Deus!

❧ Para Reflexão Pessoal e Acção ❧

Então o que espera que faça com tudo isto?

1. Reconhecer a Individualidade – a sua e a dos outros.

Comece por reconhecer que Deus criou uma maravilhosa variedade de pessoas no Seu mundo. Ele busca relacionamento com cada tipo e com cada combinação de tipos. Algumas vezes Deus fala-nos através das nossas forças, mas muitas vezes Ele fala-nos a partir do nosso lado cego (a função que não desenvolvemos cuidadosamente). Na Sua graça sem igual, Deus deseja levar-nos a um desenvolvimento espiritual dinâmico, pelo qual um dia seremos pessoas completas e integradas que são tocadas por Deus através de uma larga variedade de avenidas.

2. Cultivar especialmente aqueles meios da graça que contribuem para o seu desenvolvimento espiritual

Todos os meios da graça são importantes para a maturidade e crescente relacionamento com Deus. Diferentes personalidades, contudo, considerarão os meios da graça de maneiras diferentes. Todos precisam de estudo

Encontrar Deus Através da Nossa Própria Singularidade

Bíblico, mas debaixo da orientação do Espírito Santo, cada tipo de personalidade tira desses meios da graça de formas diferentes. Todos precisam do estudo bíblico, mas debaixo da orientação do Espírito Santo, cada tipo de personalidade considerará esses meios de graça de formas diferentes. Todos precisam da adoração incorporada, mas os introvertidos e extrovertidos funcionam de maneira diferente na adoração.

Que maravilhosa obra do Espírito Santo que a cada um de nós é permitido crescer no relacionamento com Deus à luz das nossas preferências, contexto e singularidade! Louvado seja Deus!

3. Apreciar a espiritualidade dos Outros

Liste alguns exercícios e experiências religiosas que parecem poderosos para os outros, mas que o deixam impassível.

Faça uma lista de exercícios religiosos que usualmente o afectam poderosamente, mas que deixam os outros impassíveis.

Ore para que Deus o ajude a relacionar-se, com entendimento, com os que adoram, seja publica ou em privado, de maneira diferente à sua.

4. Escrituras para Estudo Especial

1 Coríntios 12:4-12
Efésios 4:14-16

PARTE III

Encontrando Companheiros no Caminho

… na Comunidade dos Crentes …

◊

O Senhor deu-nos uns aos outros

para que reforcemos as mãos uns dos outros.

—John Wesley

◊

Levai as cargas uns dos outros,

e assim cumprireis a lei de Cristo.

(Gálatas 6:2)

◊

E o Senhor vos aumente, e faça abundar em amor uns para com os outros … pelo que exortai-vos uns aos outros, e edificai-vos uns aos outros, como também o fazeis.

(1 Tessalonicenses 3:12; 5:11)

Introdução à Parte III

Ficando Sozinho — Juntos

As gigantescas sequóias canadenses da Califórnia representam as altas e uivantes tempestades durante séculos até hoje. Podia pensar que com tal registo de resistência deviam ter raízes profundas que cavavam fundo ao lado da montanha e se embrulhavam em redor dos enormes pedregulhos. Podia pensar isso – mas estaria errado. Na verdade, eles têm raízes rasas.

Como conseguem sobreviver durante tanto tempo? Eles crescem em arvoredos e as raízes de muitas árvores enlaçam. Assim, ficam juntos contra as tempestades como se anunciasse o vento norte. "Ficamos juntos. Se vais levar um de nós, terás que nos levar a todos."

Às vezes uma sequóia canadense cai, quase sempre uma que brotou a alguma distância das outras. As suas raízes não puderam alcançar as das outras árvores. Até uma gigantesca sequóia canadense não consegue manter-se se estiver sozinha.

Os cristãos também são assim. Não podemos ficar sozinhos; necessitamos realmente uns dos outros. A vida santa não é uma jornada para almas solitárias. A Igreja é uma *comunidade* chamada para fora, um grupo de pecadores salvos pela graça que ajudam uns aos outros no caminho.

John Wesley estava certo ao organizar os seus convertidos em sociedades, turmas, bandas e "alma-gémea" e em relações de mentoreamento. Ninguém pode viajar nesta estrada sozinho.

O seu Redentor sabe que necessita de companheiros no caminho. Deus formou a Igreja para formar congregações que nutrem, grupos instrutivos, faixas intensivas e pares de mentoreamento de fé para manter os Seus filhos no caminho de santidade. A nossa herança wesleyana é abundantemente rica em instruções de como os cristãos devem ajudar uns aos outros na estrada para a Nova Jerusalém. Até hoje, o ensino de John Wesley para os cristãos não conseguiu ser superada. Nesta secção do livro examinaremos esta parte da nossa herança, olhando para as contrapartes modernas desses meios maravilhosos da nutrição espiritual.

A Chamada do Alto

Muitos cristãos modernos tentam tornar a vida espiritual um afazer privado. Eles resistem à vulnerabilidade e à responsabilização para com a comunidade – e assim, ignoram uma das dimensões requeridas, essenciais da formação espiritual e do viver santo. Se está nessa categoria, por favor abra o seu coração ao que o Espírito lhe ensina ao leres os próximos capítulos sobre a vida cristã partilhada.

> É algo abençoador ter companheiros de viagem para Nova Jerusalém. Se não tiver nenhum deve fazê-los porque ninguém pode fazer esta viagem sozinho.
>
> —John Wesley

11

A Vida de Santidade É Assunto da Comunidade

Conheça Deborah Harrington. A vida foi dura com ela. Dentro dos últimos três meses, ela encarou numerosos problemas. O seu marido fugiu com uma mulher mais nova. Os seus filhos disseram que era culpa dela – por isso, não nos ligue. Foi despedida do seu emprego – "incapaz de se concentrar." A sua carteira contendo os seus últimos 300 dólares foi roubada quando estava no gabinete médico. O médico disse que ela tinha diabetes. Para agravar tudo isto, a electricidade foi cortada por causa de uma conta que ela insistia ter pago.

Deborah não é religiosa, mas agora está pronta para tentar qualquer coisa – até mesmo a oração. No seu escuro apartamento, ela cai na cama não feita e clama a Deus. Tenta lembrar-se das orações da infância, "Agora eu me coloco … " Cerca de metade do Pai Nosso volta à sua mente. Ela chora por um instante, depois tenta recitar outras orações. Finalmente, ela explode em lágrimas espontâneas de arrependimento e de súplica.

Passam três horas e, enquanto orava, sentiu uma presença, uma presença que conforta, fortalece e consola – paz mesmo no caos. Ela louva a Deus, a esperança borbulha, as suas lágrimas param e ela sorri.

Deborah sente que deve começar a ir à igreja. É Sábado à noite, e por isso ela caminha os quatro quarteirões até à igreja que está na vizinhança.

A Chamada do Alto

Sabe que não estará aberta, mas quer ver quando é que o culto de Domingo começa. Se vai andar com Deus, pensa ela, então ela deve ir à igreja.

No dia seguinte, Deborah, uma andante com o coração a doer e em necessidade, mas também com uma pequena chama de fé, vai à igreja. Alguém notará? Alguém se preocupará? Ela olha para as costas das cabeças dos 250 adoradores ao tentar escutar um sermão sobre como é que a igreja deve defender os pobres e os oprimidos. Passa uma hora. Ela existe. Ninguém lhe perguntou o nome, ou falou com ela nem fez contacto visual com ela. Deborah caminha os quatro quarteirões de volta a casa, dizendo para si mesma que estúpida ela era. Lembra-se que há uma meia garrafa de gin no seu armário.

Qual é a expectativa que Deborah tem sobre a vida espiritual? A sua trágica história enfatiza novamente que os novos crentes e os veteranos necessitam de uma comunidade de fé que nutra.

A sabedoria de 20 séculos cristãos levanta-se num tom que nos diz que não deveríamos precisar de lembrar, informa-nos que nenhum de nós pode ficar muito tempo no caminho da vida santa se viajarmos sozinhos.

Uma das noções populares mais perigosas é o "mito da vida cristã vitoriosa individual."[1] Como o Reuben Welch ensinou de forma tão eficaz, "Nós realmente necessitamos uns dos outros." E é por isso que Deus na Sua sabedoria planta os cristãos em comunidades de fé.

A nossa cultura ocidental individualista está embebida nos ditos, "Eu tenho que ser eu" e "eu faço da minha maneira", acha esta verdade básica cristã difícil de se aceitar. Mas o cristianismo é um assunto de comunidade.

O nosso ancestral espiritual, John Wesley, sabia muito bem disto. Ele chamava o seu movimento religioso de "ligação." Trabalhou arduamente e com sucesso para manter "ligados" aqueles wesleyanos primitivos. Ele criou estruturas de formação espiritual que incluíam sociedades, turmas, bandas, orientação espiritual um-a-um e um formato para a religião familiar.

Se alguém dentre a primeira geração de Metodistas pôde evangelizar Wesley, era o seu camarada no Clube Santo e colega de Oxford, George Whitefield. Mas há mais para sustentar um movimento religioso do que o evangelismo em massa. O que é que faz para nutrir os convertidos? Nisto, Wesley superou.

Não foi assim com Whitefield – ele tornou-se aquilo que Wesley chamou de "pregadores fugitivos" que levavam muitas pessoas à cruz mas rapidamente deixavam os bebés em Cristo a sofrer de fome enquanto se apressavam para outra campanha.

Na sua velhice, Whitefield olhou para trás para a sua dolorosa carreira. "O irmão Wesley agiu sabiamente," disse ele. "As almas que foram despertadas sob o seu ministério, juntou-as em turmas e assim preservou os

A Vida Santa É Assunto da Comunidade

frutos do seu trabalho. Eu negligenciei nisto e as minhas pessoas são uma 'corda de areia'."[2]

> **Ter meramente os crentes juntos num mesmo edifício não faz disso uma igreja.**

Nenhuma 'corda de areia' para Wesley! Ele propôs "a não acertar um golpe em qualquer lugar onde eu não podia seguir o sopro."[3] Ele estava convencido de que mesmo se alguém pregasse "como um apóstolo," mas falhasse na organização de turmas e bandas, que os que foram despertados por pregação estariam cedo "mais rapidamente adormecidos que nunca."[4]

Tal compromisso para com a comunidade é crucial no nosso tempo quando muito do que é anunciado como formação espiritual é para ser levado na solidão de devoção privada. A precaução de Steven Harper é oportuna: "Uma das minhas maiores apreensões relativas à formação espiritual," diz este professor do Asbury Theological Seminary, "é que será considerada uma experiência privada, individualizada e muito escondida ... (que) pode ser *praticada* sozinha."[5]

Deixe notar que nada escrito neste livro - devoção privada ministério de pequenos grupos, ou culto sacrificial – pode-se tornar um substituto para a adoração corporativa.

Um único tijolo no campo não tem muito valor. Serve para roçar o dedo. Mas um tijolo com outros tijolos num edifício de igreja ajuda a segurar a cruz, o púlpito e o altar. Cristãos solitários são tão inúteis quanto o tijolo solitário.

Qualquer outra coisa que a igreja do Novo Testamento seja, ela "uma *comunidade* de fé chamada para fora." A tarefa da Igreja é quadrupla: adoração, evangelismo, nutrição e serviço. A igreja não tem mais a fazer.

A organização básica na "ligação" dos wesleyanos primitivos era a sociedade. Funcionava como uma congregação que nutre. As turmas e as bandas eram as suas subdivisões.

Wesley definiu a *sociedade metodista* como um grupo de pessoas "unidas para orarem juntas, receberem a palavra de exortação e cuidar um do outro em amor, para que pudessem ajudar uns aos outros a operar a sua salvação."[6] Isto é o que os membros da igreja deviam ser hoje – um compromisso mútuo de ajudar uns aos outros para com Deus e para o bem. O discipulado é um assunto da comunidade.

A Chamada do Alto

A ADORAÇÃO INCORPORADA NÃO É SUFICIENTE

Os benefícios da adoração incorporada não têm preço e são indispensáveis. O cristianismo simplesmente não funciona bem, a menos que seja uma comunidade de pessoas que partilham a "preciosa fé." Mas a igreja tem muito trabalho a fazer depois da bênção final ter sido pronunciada e a congregação ter sido despedida.

Pessoas como Deborah Harrington, que conheceu na primeira página deste capítulo, precisam de mais que uma canção e um sermão. E é assim com qualquer um que quer viver uma vida aprofundada.

A igreja tem que deixar de ser uma "estação de inspiração". Ter meramente "os crentes juntos num mesmo edifício não faz disso uma igreja."[7] Olhar para as costas das cabeças dos adoradores sentados entre si e o púlpito, ou mesmo dando as mãos e cantando corinhos juntos pode deixar ainda uma profunda fome no coração não alimentado.

A igreja que depende somente de um grande culto de adoração, tornar-se-á, muito cedo, uma igreja "teflon" [referência a uma frigideira anti-aderente]. Muitas pessoas entram mas não ficam. Elas deslizam como uma torrada francesa para fora de uma frigideira *teflon*. Cedo os membros vivem os lamentos de Whitefield, tornando-se uma "corda de área."

O nosso antepassado espiritual, John Wesley, inventou um sistema para a nutrição espiritual que tem ainda que ser melhorado. De facto, muitas das igrejas que nutrem com sucesso, usam algumas das formas das estruturas de formação espiritual de Wesley.

Wesley criou um sistema de criação de pequenos grupos que incluíam reuniões de grupo, reuniões de bandas, guias espirituais, sociedades selectas, banda backslider e um excelente sistema de religião familiar. A figura 1 mostra esta estrutura.

> **A igreja que depende somente de um grande culto de adoração, tornar-se-á, muito cedo, uma igreja "teflon."**

O único requisito para se tornar membro da sociedade era o *desejo de buscar a salvação* em Cristo Jesus. Todos os membros da sociedade eram requeridos que pertencessem a uma grupo de 12 pessoas e poderia voluntariar-se a participar numa banda de 5 pessoas. Quando necessário, o uso de guias espirituais, mentores de fé, a sociedade selecta ou a banda

A Vida Santa É Assunto da Comunidade

penitente estavam disponíveis. Em adição, a adoração familiar era uma tradição diária.

Examine as igrejas de hoje que nutrem com sucesso, verá estruturas semelhantes às de John Wesley. Uma igreja que visitei recentemente oferecia (além da adoração incorporada e classes de Escola Dominical para todas as idades) grupos de estudo bíblico, comunhão de oração, um grupo de recuperação para divorciados, um grupo de apoio às pessoas com cancro, uma turma de preparação para se tornarem membros e uma reunião para pessoas que querem deixar o estilo de vida homossexual. Adicionado a isto, oferecia-se aulas especiais de treinamento de liderança, tecnologia informática, inglês como uma segunda língua, parentalidade, finanças familiares e fotografia.

Todas estas actividades são boas. Mas há uma diferença. Os pequenos grupos citados no parágrafo anterior têm muito pouco que ver com a formação espiritual e com a vida santa.

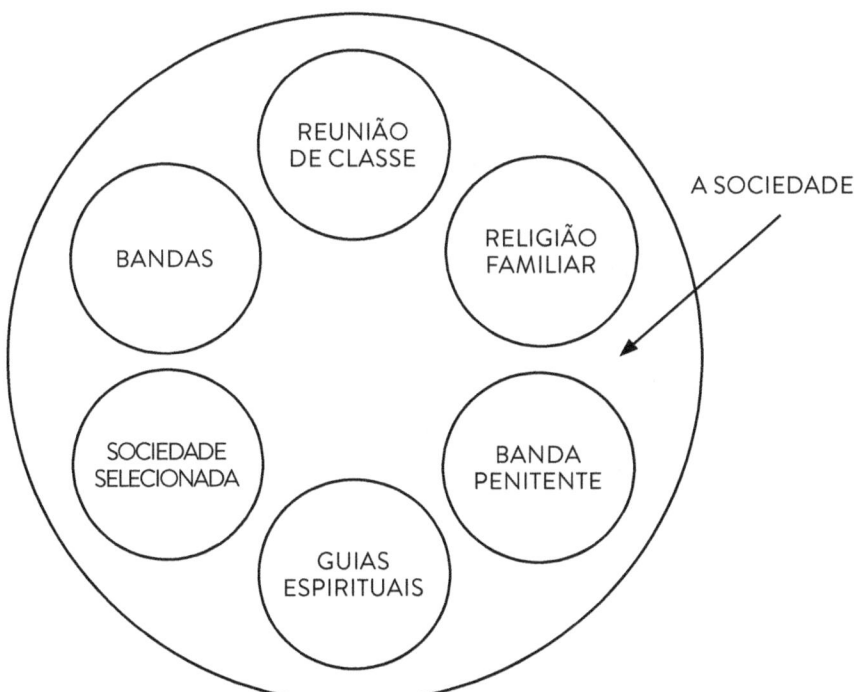

Estrutura de John Wesley para a Formação Espiritual

Nos próximos capítulos olharemos de perto para os pequenos grupos de Wesley e para a sua contraparte moderna. Muitos ministérios modernos de pequenos grupos lidam directamente com a busca de santidade e da formação espiritual. Muitos outros, contudo, reflectem a atitude consumista para com o ministério, que é ainda um outro aspecto do individualismo americano.

Algumas pessoas hoje não se preocupam com o que diz o nome do sinal da igreja, o que a igreja crê, ou o que ela representa, desde que deixe os seus filhos fora da rua, fortaleça o seu casamento, possa ensinar-lhes uma habilidade comercial, possa fazê-los sentir bem e lhes faça poucas exigências. Ir ao encontro destes indivíduos orientados ao consumo no ponto das suas necessidades é sábio, mas isso é totalmente diferente de pequenos grupos em formação espiritual.

Mas, poderá dizer, a minha igreja não oferece ministério de pequenos grupos. Deixe-me referir novamente o conselho de John Wesley ao francês Godfrey, "é algo abençoador ter companheiros de viagem para Nova Jerusalém. Se não tiver nenhum deve fazê-los porque ninguém pode fazer esta viagem sozinho.

❧ Para Reflexão Pessoal e Acção ❧

1. O que é uma comunidade de fé?

A. A igreja é chamada de comunidade de fé. A Escritura e os 2000 anos de experiência cristã ensinaram-nos que ninguém pode viver a vida santa sozinho, ou seja, sem o apoio de uma comunidade de fé. É fácil dizer, mas o que significa *comunidade*?

A palavra *comunidade* é definida e descrita com termos como estes:
posse comum
mantido em comum
união
interdependência
em comunhão
parceria
mutualidade partilhada
harmonia
concórdia
afinidade
similaridade

Antónimos ou opostos de comunidade inclui disparidade, diferença, dissimilaridade, desacordo, conflito, assim como privado, pessoal, individual.

B. Usando a informação anterior, escreva a sua própria definição do sentido da igreja como uma comunidade de fé. ...

A Vida Santa É Assunto da Comunidade

2. O que é uma congregação que nutre?

A. O foco do capítulo 11 tem a ver com o como é que uma "congregação que nutre" ajuda os cristãos a buscarem e a viverem uma vida santa. Leia cuidadosamente a introdução da parte III e o capítulo 11. *Nutrição* vem da mesma palavra latina da qual obtemos o termo *enfermeira*. É descrita e definida com estes termos: nutrir, alimentar, sustentar, fortalecer, tutor, educar, instruir, desenvolver, limar, guiar, disciplinar e encorajar. Os seus antónimos incluem, negligenciar, ignorar, privar.

B. A formação cristã é também um dos termos em Gálatas. Folhei esta epístola outra vez, marcando palavras e frases que se referem à nutrição. Estude Gálatas 4:19 e todo o capítulo 5.

1. Qual é o alvo da "formação espiritual" de acordo com Gal 4:19?
2. Que avenida é mais provável para nos direcionar à formação de Cristo no interior: o legalismo devotado ou a liberdade em Cristo? (veja Gálatas 5).
3. Quais são os limites da liberdade cristã? O crente é livre de fazer o que deseja? (Veja Gálatas 5:13).
4. Considere as obras da carne e a "colheita" que elas produzem (Gálatas 5:19-21). A "colheita" ou "fruto" do Espírito são muito diferentes (v. 22). De facto, eles opõem-se às obras da carne. Por exemplo, *paz* e *quietude de coração*, como for melhor traduzido, é o oposto de *discussão*, *raiva* e *inveja*. Faça mais comparações no seu próprio estudo da passagem.

3. A minha igreja é uma congregação que nutre?

A. Lista os ministérios (formais e informais) da sua igreja que apontam para a formação cristã.

B. De que maneira é que tem ajudado a sua igreja a tornar-se uma igreja que nutre? O que estaria disposto a fazer para fazer a comunidade de fé, que é a sua igreja, mais eficaz no seu ministério de nutrição?

Que parte do programa da igreja providencia uma arena para que as pessoas falem umas com as outras sobre as coisas que mais pesam?

12

Face a Face e Coração a Coração

Ele sentou-se ali quieto no seu aceitável fato social escuro com lágrimas a escorrer pela sua face. A nossa hora e meia de workshop sobre ministério de pequenos grupos tinha acelerado. O workshop de pequenos grupos foi como anexo numa convenção distrital da Escola Dominical. Apresentei alguns conceitos básicos sobre os ministérios de pequenos grupos, incluindo alguns comentários sobre a nossa dívida aos encontros de classe de Wesley. Então ocupei-me com as 12 pessoas que tinham escolhido este seminário, sendo que outros sete estavam a ser oferecidos ao mesmo tempo, num exercício de demonstração.

Trabalhamos por cerca de uma hora sobre as "Quatro questões quacre": (1) *Onde vivia nas idades entre os 7 e os 12 anos?* (2) *Como é que aquecia a sua casa?* (3) *O quê ou quem era o centro de calor humano na sua família?* (4) *Quando, se é que já, que Deus Se tornou mais do que uma mera palavra para si?* No fim desta sessão o cavalheiro no quarto escuro estava em lágrimas.

Tentando não ter um tom de ameaça, perguntei porque é que estava a chorar. Limpou os seus olhos com o seu vermelho lencinho de seda e disse, "Servi na direcção da minha igreja durante 35 anos. Há uma hora atrás todas as pessoas deste quarto eram estranhas para mim. Mas agora conheço-os melhor do que conheço as pessoas com quem trabalhei durante 35 anos."

O triste facto é que podemos ir à igreja todos os Domingos e nunca virmos a conhecer seja quem for. Adoramos com os outros, notar as costas das suas cabeças durante o hino do coral, e do sermão, cumprimentamo-nos apertando as mãos com um sorriso depois do culto – e nunca chegamos ao interior do seu coração. Os membros de algumas igrejas já não estão dispostos a conhecerem uns aos outros, pois são meros espectadores como de um jogo de futebol. Não sendo realmente capazes de conhecer uns aos outros, eles tornam-se incapazes de ajudar uns aos outros a "crescerem forte em lugares quebrados."

Isto não acontecia nas estruturas para os cuidados pastorais mútuos de John Wesley. Como mencionado antes, a todo o membro da sociedade requeria-se que se juntasse a um grupo de cerca de 12 pessoas, que se reunia todas as semanas. A agenda das reuniões incluía instrução, encorajamento, diálogo e responsabilização rígida.

Muitos acreditam que as reuniões de grupo foram a maior contribuição de Wesley para o cristianismo. D.L. Moody, declarou que foi o melhor instrumento para treinar os convertidos que o mundo já viu. Henry Ward Beecher afirmou que foi a melhor oferta de Wesley ao mundo. John Drakeford escreveu que a abertura da reunião de grupos, onde a pretensão foi retirada, providenciou aos indivíduos "uma experiência que nunca encontraria numa igreja hoje."[1]

Hoje precisamos desesperadamente algo como uma reunião de grupo nas nossas igrejas. Alguns acreditam que a Escola Dominical dos adultos tem substituído, com sucesso, as reuniões de grupo. Não cometa o erro: as classes da Escola Dominical dos adultos são uma grande contribuição como parte de formação de uma igreja. Mas o que elas fazem de melhor é muito diferente do que os nossos ancestrais espirituais faziam nas reunião de grupo. O nível de partilha pessoal numa reunião aberta como uma classe de Escola Dominical alargada é, de muito, mais baixa quando comparada com o que ocorria nas reuniões de grupo wesleyanas. O nível de responsabilização é também mais fraco. Na reunião de grupo, o líder questionava cada um sobre o seu progresso espiritual, tentações, provações, fracassos e vitórias.

Numa grande igreja no Midwest, tive a intenção de organizar grupos de comunhão de vida espiritual nas classes da Escola Dominical dos adultos. Organizei para que tivéssemos um grupo de cristãos veteranos, juntamente com um prospecto ou dois, para que a gama inteira de trabalho da igreja fosse posta perante os dons espirituais dos membros do grupo. Eu quase não tinha começado, quando um grupo de jovens adultos dos 35 aos 40 anos de idade veio até mim e me perguntou se os ajudaria a formar e a liderar um grupo. Eu não queria fazer isso, mas também não podia rejeitar esta ideia.

Face a Face e Coração a Coração

> **Os grupos face-a-face que fomentam a aceitação, a pertença, a instrução e a responsabilização não são nenhuma serendipidade periférico espiritual mas estão na essência da missão da igreja.**

Eu conhecia todo o grupo. Eram profissionais prósperos. Eu observava-os semana após semana no estacionamento nos seus *Cadillacs*, assobiando baixinho dentro dos seus casacos de pele pelos corredores com as suas famílias perfeitas. As 12 pessoas do grupo tinham 21 níveis de faculdade.

À medida que conduzia pela cidade rumo à nossa primeira reunião na casa de um advogado, orei pelo grupo e pela minha relutante atitude em gastar tempo para trabalhar com um grupo de cristãos sólidos, perfeitos que não tinham necessidades reais. Orei para que o Senhor nos ajudasse a não gastar o tempo uns dos outros.

Sentamo-nos na sala de estar do advogado e eu comecei com algo simples, não ameaçador. Responda a esta pergunta, disse eu: "Qual foi a última vez que choraste?"

Não estava preparado para a resposta. Levou-nos três horas e meia para responder a esta pergunta inicial. Todas aquelas pessoas altamente educadas tinham estado em lágrimas nas últimas duas semanas, tanto homens como mulheres. Não pude acreditar. Tinha-os visto a virem para a igreja nos Domingos no seu melhor, tinha servido nas juntas e nos comitês com eles e não tinha pista nenhuma que me levasse a saber que cada um deles estava cheio de preocupações e necessidades. O grupo que eu tinha começado de forma relutante, reuniu-se regularmente durante três anos – e como necessitávamos uns aos outros durante esses tempos! Cada um de nós afirmou mais do que uma vez, usando as palavras do John Wesley, "O Senhor … deu-nos uns aos outros, para que pudéssemos fortalecer as mãos uns dos outros."[2]

Cada uma dessas pessoas era membro da turma mais dinâmica da Escola Dominical daquela igreja local. Tinha um par de professores talentosos e um círculo de actividades sociais. Ainda assim estas pessoas não tinham lugar no qual pudessem falar sobre as coisas que mais lhes pesavam.

A Chamada do Alto

Quão importantes podem ser os grupos face-a-face?

"Tenho a certeza de que reunir com outros cristãos para a instrução, partilha e oração seria bom," disse-me ela, "mas estou demasiado ocupada. Faço parte do conselho de pais dos alunos, Pequena Liga, bowling, ensaios do coral e vendo Avon para além do meu trabalho regular."

> **Se os calendários da igreja tiverem de ser empurrados para que as reuniões face-a-face se possam alojar, então deixemos que o empurrão comece.**

Embora eu não tivesse encontrado muitas coisas na sua lista que excedessem a nutrição cristã através dos grupos de face-a-face, aceitei o "não" como resposta e saí do seu caminho.

Os nossos ancestrais espirituais que popularizaram aqueles grupos históricos wesleyanos tinham uma lista de prioridades bastante diferente. Essas pessoas piedosas sofreriam grandes molestações, caminhariam grandes distâncias e aguentariam com todos os tipos de perseguição e sofrimento a fim de se "encontrarem com o grupo." Aqueles primeiros grupos funcionaram em muito do mesmo modo como as casas das igrejas da igreja primitiva, que era em si um movimento de pequenos grupos.

Os grupos metodistas primitivos e as reuniões de sociedade atraíram perseguição e violência das imprudentes multidões, muitas vezes inspiradas pelo clero anglicano e convenientemente ignorado pelos funcionários de execução da lei. As reuniões acabaram, os membros dos grupos foram assaltados e as casas dos metodistas foram queimadas. Note este relatório do *Journal Cambridge and Weekly Flying Post* a 18 de Maio de 1745.

> Exeter: Segunda-feira à noite, 6 de Maio, quando os metodistas se reuniam numa casa ... atrás de Guildhall, havia uma grande "máfia" que se juntou à porta, que lhes atirava com pedras quando entravam, e os sujavam com esterco, batatas, lama, etc., e antes de saírem, foram aumentados por alguns milhares ... que quando as pessoas saíam as lançavam no lixo, pisoteavam e batiam a todos sem excepção, de uma forma que muitos fugiam deles sem os seus chapéus e perucas ou com metade das coisas rasgadas; e com as mulheres eram desumanos, algumas mutilavam, a outras deixavam quase nuas, faziam-nas rolar da mais indecente maneira no canil, pintavam as suas caras com farinha

Face a Face e Coração a Coração

e lama; assim continuavam até cerca da meia-noite quando achavam por bem dispersar.

Que necessidades esta sociedade e reunião de grupos devem ter encarado! Quão valioso terá sido para os nossos ancestrais espirituais se dispusessem a tais riscos para comparecer a tais reuniões!

Comunhão e Responsabilidade

A reunião de grupos providenciava um lugar para a koinonia cristã. A aceitação, amor e o compromisso de uns para com os outros eram chave. Um dos propósitos do grupo que John Wesley falava era, "inspeccionar o seu andar externo, para inquirir o seu estado interno, para saber quais são as suas tentações; e como eles caem nelas ou as conquistam."[3] Esta "inspecção" não era aquele de um polícia religioso tirano mas sim o trabalho pastoral de um líder cuidando do grupo.

Uma reunião típica devia começar com o cantar de um hino. Depois o líder do grupo devia partilhar a condição da sua própria vida espiritual. Resposta às orações, tentações, aflições, fracassos e progresso espiritual eram relatadas num testemunho improvidado. Seguindo o exemplo do líder, os outros deviam partilhar as suas necessidades e bênçãos. Desta maneira o líder aprendia "estejam já ... a gozar da vida de Deus. Se estão a crescer ou a decair; se estão a decair, qual é a causa, e qual é a cura."[4] Considerando que algumas das coisas partilhadas eram bastante pessoais, os visitantes só podiam assistir às outras reuniões.

Instrução era muitas vezes incluída na reunião do grupo, muitas vezes em resposta às questões práticas ou a algo que tivesse sido pregado na reunião da sociedade. Parte do alvo dos grupos era o de "instruir o ignorante nos princípios da religião; se necessário repetir, explicar ou reinforçar o que tinha sido dito na pregação pública."[5]

> **Em todas as reuniões de pequenos grupos era levantada uma oferta para os pobres.**

A completa consagração do crente era seriamente ensinada. Wesley treinou os seus líderes a conduzirem o seu rebanho de forma a "serem completamente dedicados a Deus," a "combater a vontade própria," em "todo os seus fingimentos," fazer que "Cristo seja tudo para eles," e "opôr-se ao amor-próprio em todas as suas formas secretas."[6] O crescimento espiritual e a perfeição cristã eram o constante alvo do grupo. Wesley instruiu os seus líderes a incutirem uma clara convicção de que "sem a ... santificação interna ninguém verá a face do Senhor" e de que "tendo recebido o Senhor Jesus Cristo, de nada nos aproveitará a não ser que andemos n'Ele." Sem a reunião de grupos, poucos daqueles wesleyanos primitivos teriam encontrado a vida aprofundada da qual são bem conhecidos.

O líder da classe era a chave para o sucesso do movimento metodista. Ele devia "visitar cada pessoa do seu grupo ... para inquirir como é que suas almas prosperavam; para aconselhar, corrigir, confortar e exortar quando a ocasião o requeria; e receber o que eles estavam dispostos a dar aos pobres." Soa muito como Gálatas 6:1-5, não é?

Responsabilidade e Serviço

Para ser um membro da sociedade tem que ser activo no grupo. E não pode funcionar como membro do grupo sem um bilhete trimestral. Todos os grupos são visitados trimestralmente por um dos pregadores viajantes. Todos os membros eram entrevistados pessoalmente. Se o entrevistado tivesse bom testemunho e não tivesse faltado mais de 3 das 13 reuniões prévias do trimestre, era-lhes emitido um novo bilhete – um cartão com o seu nome, um lema ou versículo da Escritura e uma data. Se não se qualificou, não podia continuar a ostentar o cartão de metodista.

É-nos difícil imaginar quão importante era aquele cartão. Lembre-se que aquelas pessoas viviam numa sociedade brutal que tratavam o pobre pior que lixo, somente uma criança em cada 25 ia a um tipo qualquer de escola e 90% da população vivia na pobreza. Para estes "zé ninguém", o privilégio de ter um cartão de metodista não era tomado de animo leve. Significava que eram importantes, que pertenciam a alguém que cuidava deles.

Outro tipo de responsabilização, relacionado com a formação espiritual, florescia nos grupos e bandas. Em todas as reuniões de pequenos grupos, sem excepção, era levantada uma oferta para os pobres. Muitas vezes, estas pessoas devotas davam o que desesperadamente necessitavam para aliviarem a fome dos outros.

Grupos face-a-face na sua igreja

Seria um engano recriar todos os detalhes das reuniões de grupo dos metodistas. Mas a reunião de grupo lembra-nos que os cristãos hoje, necessitam mais do que cultos de adoração e de classes de Escola Dominical. Os grupos face-a-face que providenciam instrução, aceitação, pertença, responsabilização positiva, diálogo aberto e orientação espiritual não são serendipidades espirituais periféricas, mas estão sim na essência da missão da igreja. Se os calendários da igreja tiverem de ser empurrados para que as reuniões face-a-face se possam alojar, então deixemos que o empurrão comece.

O mínimo que a igreja pode fazer é organizar Escola Dominical e adultos para o cuidado pastoral que incla grupos de face-a-face feitos para suprir as actuais necessidades dos seus membros.

❧ Para Reflexão Pessoal e Acção ☙

1. Grupos Face-a-face na sua Igreja

A. Se tivesse que ajudar a sua igreja a criar grupos face-a-face focados na formação espiritual e na vida de santidade na essência do ministério da igreja, com quem falaria primeiro? Que planeamento teria que ser feito? Valeria a apena um pequeno grupo piloto? Que recursos impressos precisaria?

B. Linhas de orientação para os grupos.

Ao planear grupos face-a-face, guarde estas linhas de orientação em mente.

Todo o grupo necessita:

1. A participação deve ser voluntária. Grupos feitos de recrutas nunca funcionam.

2. Um propósito começado e concordado.

3. Um líder capaz e comprometido que é saudável espiritual e psicologicamente e que tenha um espírito pastoral.

4. Um conjunto de disciplinas mutuamente concordadas ou regras básicas. As disciplinas típicas dos grupos incluem:

   a. Participação fiel em todas as reuniões.

   b. Garantia de não contar nada a outros do que acontece no grupo a não ser o que Deus fez por ti.

   c. Orar, todos os dias, por cada membro do grupo pelo seu nome.

   d. Completa participação em outros programas da igreja local.

   e. Acordo de não convidar visitantes ao grupo sem a aprovação de todo o grupo.

2. Estudo Bíblico e Devoção

A. Use Gálatas 6:1-5 num exercício espiritual

B. Leia cuidadosamente as palavras de "In Christ there is no east or west" [Em Cristo não há leste nem oeste nele não há sul nem norte; mas uma grande comunhão de amor em todo o vasto mundo] (Hino 678 do *Sing to the Lord*).

C. Registe no seu diário discernimentos e inspirações, ideias, nomes e faces que vêm à sua mente ao estudar as lições da Bíblia e do hinário.

> Um grupo de dez pessoas, aprendendo verdadeiramente
> a amar uns aos outros, a experimentar e a aprofundar
> o compromisso com Cristo ... mostrará uma influência
> mais redentora numa comunidade do que uma
> igreja de mil membros não comprometidos.
>
> —G. Byron Deshler

13

Sem Reservas nem Disfarces

Notícia: Outro assassinato relacionado com drogas. Desta vez duas pessoas foram mortas numa carga de maconha no camião. Qual é a novidade? Pensei eu quando conduzia pela cidade numa tarde de primavera. Mas o que o repórter disse a seguir perfurou-me como se tivesse sido apunhalado com um pingente de gelo. Um jovem tinha sido detido e acusado das mortes. A rádio disse um nome que reconheci. O filho de um casal do meu Grupo de Comunhão de Vida Cristã tinha sido preso, acusado de homicídio!

Naquela noite eu e a minha esposa fomos à casa deles. Não ligamos; aparecemos de surpresa. Afinal éramos membros do mesmo grupo. Chegamos lá por volta das 19:30 – e fomos os últimos a chegar. Os outros membros do grupo tinham feito exactamente o mesmo que nós. Um casal estava fora da cidade e telefonaram com a promessa de orarem e apoiarem. As outras seis pessoas do grupo apareceram sem avisarem. Não sabíamos o que dizer ou fazer. Mas como um dos nossos casais estava com um grande problema de suas vidas, só queríamos estar com eles, mesmo que tudo o que pudéssemos fazer fosse partilhar abraços e lágrimas.

A Chamada do Alto

O pastor da nossa igreja ainda não tinha recebido a notícia. Ele estava fora numa reunião oficial de algum tipo. Mas os membros do pequeno grupo tinham sabido e tinham cancelado as suas agendas e apareceram nos degraus da porta da casa dos seus amigos.

Não seria tão bom se todos os cristãos tivessem um grupo de amigos íntimos que estivessem perto deles quando a vida lhes oferece "marteladas"?

Um outro casal naquele mesmo grupo tinha uma filha de 14 anos que, por duas vezes, se tinha envolvido com um barbudo viciado nas drogas. A Debbie ficou grávida. E depois fugiu com o seu namorado viciado para um lugar desconhecido. Num Domingo de manhã o pai dela, um líder leigo da nossa igreja, estava no púlpito para fazer um anúncio no culto matinal de adoração. Ele foi chamado do púlpito. Entregou as suas notas a um ministro da equipe e foi-se embora.

Depois do culto, nenhum de nós conseguiu encontrar o nosso amigo Rick ou sua a esposa Doris. Alguém disse que ele deixou o púlpito para atender uma chamada aparentemente de longa distância. Todos nós ficamos desejosos de saber. Todos oramos e esperamos que fossem novidades (seriam boas novidades?) sobre a Debbie. Dois casais dirigiram-se de carro para a sua casa a fim de saberem com certeza e outros três casais telefonaram.

Não seria tão bom que todos os pais, que estão a ser ensinados quão maldosa pode ser a angustia por uma filha rebelde, tivessem 10 pessoas a apoiar como aconteceu com Rick e Doris?

"Provavelmente não te vou ver outra vez." disse Sheila. Era o "Domingo de Volta" a casa e voltei para participar como antigo pastor. Fui levado de volta pela observação da Sheila. Tentando ser alegre, disse, "Nunca me verás outra vez? Vais para o Havai ou quê?"

"Não," disse ela, "eles disseram-me que nunca ficarei bem, - tenho no máximo seis meses."

O meu coração afundou-se. Sabia que durante o ano anterior o único irmão e o pai da Sheila tinham morrido. Ela leu os meus pensamentos.

"Não tenhas pena de mim. Estou bem. Estou mais forte do que nunca. E sabes porquê? Estou num pequeno grupo - lá encontrei-me como pessoa e como cristã. Nunca o teria conseguido sem o grupo."

Não seria tão bom se, quando recebemos uma má notícia, houvesse um grupo de pessoas que nos pudessem conduzir à presença de Deus no conforto do seu amor e orações?

As pessoas que nos amavam muito poderiam fazer qualquer coisa por nós, pessoas que podíamos confiar e falar sem reservas nem disfarces, mesmo no dia solene da morte?

Sem Reservas nem Disfarces

AMIGOS EM GRUPOS DE ALIANÇA

Este é exactamente o tipo de cuidado que aqueles primeiros wesleyanos encontravam nas suas bandas. Wesley sentia que era nas bandas que o movimento wesleyano mais precisamente praticava a religião da igreja primitiva. Acreditava também que o Metodismo fazia o seu melhor trabalho de formação espiritual nas bandas.

> Espiritualmente falando, tem-se desapontado ultimamente? Como podemos ser úteis no seu restabelecimento?

Além de ser um membro da turma da sociedade e do grupo, qualquer metodista sério na busca de perfeição cristã deve tornar-se membro da banda. A banda era um grupo de quatro a seis pessoas que se encontravam semanalmente para partilharem as suas jornadas cristãs numa íntima comunhão. Estas pessoas estavam ligadas umas às outras por uma solene promessa de amor e apoio. Faziam parte de uma "conversa fechada" Eles desejavam, disse Wesley, uma "união fechada" e queriam um grupo perante o qual pudessem "derramar os seus corações sem reservas, particularmente no tocante ao pecado que ainda os atacava e as tentações que eram mais inclinadas para prevalecer neles."[1]

As bandas não eram para toda a gente. A lista de membros era voluntária e tipicamente uns 20 a 30 porcento dos membros da sociedade, de qualquer tempo, eram também membros da banda. Isto significava que as bandas eram compostas pelos cristãos mais devotos e mais maduros da sociedade.

Os resultados eram notáveis. Wesley disse que notava que uma pessoa particular "aprendia mais num grupo fechado de uma hora (numa banda) do que nos anos de (escutar a) pregação pública."[2] Wesley acreditava que o sucesso do movimento dependia de uma banda fortemente funcional.

As bandas eram organizadas em grupos comuns. Ou seja, eram organizadas de acordo com o sexo, idade, estado civil, etc. O grupo era altamente orientada pelo líder, mas as bandas eram muito mais democráticas, sendo que o líder era pouco mais do que um participante. Os vários membros tomavam a iniciativa de partilhar seus progressos ou retrocessos. Não muito usualmente, os fortes laços de amor, lealdade, responsabilização mútua eram forjados nestes totalmente francos e honestos encontros entre "companheiros do caminho para a Nova Jerusalém." Nenhum visitante podia participar e a lista de membros era sempre precedida por um período "probatório". O alvo era a formação espiritual e a perfeição cristã.

Wesley formulou cinco "questões iniciais" a serem usadas em todas as reuniões da banda.

1. Que pecados conhecidos cometeste desde a nossa última reunião?
2. Que tentações enfrentaste?
3. Como foste liberto?
4. O que é que pensaste, disseste ou fizeste que tens duvidas se foi ou não pecado?
5. Tens algo que desejas manter em secreto?[3]

CONTRAPARTES MODERNAS DOS GRUPOS "SEM RESERVAS NEM DISFARCES"

Para muitos ingleses reservados, as regras e as questões pareciam uma ultrajante invasão da privacidade. Alguns escritores renunciaram as bandas como impróprias, não saudáveis e escandalosas. Em particular, eles achavam-nas muito pessoais e muito mais como um confessionário católico romano.

Ficou para os cristãos do século XXI redescobrirem esta valiosa ferramenta para a formação espiritual. "Na comunhão de tal grupo," escreveu G. Byron Deshler, "problemas pessoais são levantados, pecados e falhas confessados, desejos partilhados, pedidos de oração e vitórias atestadas. Esta era a comunhão da igreja primitiva e é o tipo de comunhão que deve ser reintroduzido na igreja hoje, se é que a vitalidade e o poder redentor devem ser restaurados."[4]

Deshler continua a afirmar a redescoberta da igreja de pequenos grupos semelhantes às bandas com estas palavras. "Um grupo de dez pessoas, aprendendo verdadeiramente a amar uns aos outros, experimentam a aprofundar o compromisso com Cristo ... mostrará uma influência mais redentora numa comunidade do que uma igreja de mil membros não comprometidos."[5] O que a nossa formação espiritual descobriu nas reuniões da banda precisa de ser redescoberto hoje. Milhões de cristãos contemporâneos não têm pequenos grupos de amigos íntimos a quem possam derramar os seus corações "sem reservas nem disfarces."

Sem Reservas nem Disfarces

> Creio que nunca faltará a vossa companhia
> para se apoiarem uns aos outros em amor.

As regras e as questões iniciais de Wesley para as bandas não eram armas para algum polícia espiritual. Em vez disso, eram linhas de orientação para os cristãos que desejavam apoiar uns aos outros em amor. As questões iniciais não eram formuladas para jogos de sala de espera ou exercícios de familiarização.

As questões iniciais parecem rígidas, bruscas, severas e negativas para nós. Mas quando verificar os seus intentos, a pessoa encontrará cuidado pastoral e não brutalidade policial. Os seus princípios positivos aparecem quando os declaramos em palavras compatíveis com as nossas próprias sensibilidades pessoais, sociais e espirituais. Eu redeclarei as questões da banda e usei-as com grupos em igrejas de pequenas e grandes cidades com pessoas leigas, com os estudantes do seminário e com os grupos ministeriais. Em todos os contextos, estas iniciais questões redeclaradas para os grupos semelhantes às bandas parecem ser singularmente abençoadas pelo Senhor.

Veja como as cinco questões iniciais soam num grupo contemporâneo.

1. Em vez de, "Que pecado cometeste desde a nossa última reunião?" pergunte, "Tiveste qualquer falha espiritual recentemente? Espiritualmente falando, ficaste desapontado contigo mesmo ultimamente? Como podemos ser mais úteis no teu restabelecimento? Quando oramos por e contigo hoje, em que ponto devíamos focalizar as nossas orações?"

2. Em vez de, "Que tentações enfrentaste?" pergunte, "Com que tentações ou problemas espirituais tens batalhado ultimamente? Em que pontos da tua vida te sentes mais vulnerável? mais fraco agora mesmo? mais pressionado?"

3. Em vez de, "Como é que recuperaste?" pergunte, "Se foste liberto de algumas tentações ultimamente, pode partilhar connosco como é que encontrou forças para aguentar?

4. Em vez de, "Tens algo que desejas guardar em secreto?" pergunte, "Há qualquer problema espiritual tão profundo ou tão pessoal do qual nunca pudeste falar a ninguém? Estás a carregar bagagem excessiva do passado que até hoje te mantém derrotado e deprimido? Gostarias de partilhar connosco, os teus parceiros espirituais? Ou pelo menos, deixa-nos orar por ti sobre isso – podes separar um tempo em cada dia (ou esta semana) quando vais orar

por este assunto para que possamos, no mesmo momento, orar por onde quer que estejamos?"

AS BANDAS PENITENTES

Desejo que houvesse uma maneira de reviver um dos especiais grupos de Wesley – a faixa penitente. John Wesley era muito realístico quanto aos recaídos. A "banda dos recaídos" era especialmente formulada para pessoas sinceras que, por alguma razão, continuavam a ser capturados por algum pecado assustador. Queriam fazer o bem mas ainda não tinham encontrado a disciplina e força para completamente abandonarem os seus pecados e para ficarem no caminho da perfeição. Wesley viu que "precisavam de conselhos, instruções preparadas para o seu caso ... Separei-os do resto e desejei que se encontrassem comigo à parte nos Sábados à noite."[6] O formato da reunião e as técnicas usadas são desconhecidos neste momento, mas aparentemente operaram por muitos anos com sucesso."

Que tal se todos os peregrinos das nossas igrejas se pudessem integrar em bandas penitentes para se sentirem apoiados quando estivessem a escorregar espiritualmente? Quantas falhas espirituais poderiam ser prevenidas se fosse possível ir a uma banda destas sem perder o respeito? Porque é que deve ser infame admitir problemas espirituais e buscar ajuda? O que é que aconteceria à temperatura espiritual das nossas igrejas se pudéssemos reestabelecer esta parte da herança wesleyana em toda a igreja local?

BANDAS DE ALIANÇA TRABALHAM HOJE

A herança das reuniões da banda ainda hoje dá frutos. Penso em Myrna. Era uma daquelas com as quais se podia contar para "ir para a frente" cada ano no reavivamento anual. Ela podia orar a sua maneira pela fé – denovo, mas depois de alguns meses, como um sofrimento de pequeno sangramento na alma, a sua fé vazava.

Ela acreditava na Bíblia e amava a igreja, mas a salvação total e livre – especialmente para ela – era mais do que a sua fé podia aguentar. "É muito bom para ser verdadeiro" ela dizia algumas vezes.

Nada parecia ajudar. Então envolvi-a num pequeno grupo à semelhança da banda que se reunia nas terças-feiras de manhã. Numa manhã ela abriu o seu coração aos novos amigos nos quais aprendeu a confiar. Contou a sua história. Era um pesadelo de baixa auto-estima. Nasceu como criança ilegítima. Nunca soube quem era o seu pai. A mãe dela considerou-a como o maior desastre da sua vida e como um obstáculo na estrada da sua carreira.

Sem Reservas nem Disfarces

> **Ela estava a certificar que estes miudinhos sabiam que alguém cuidava deles.**

Quando a mãe de Myrna se casou, a menininha tinha seis anos de idade – e ela foi forçada e arrastada, como excesso de bagagem, para o novo matrimónio. O padrasto da Myrna tanto era amável como cruel para ela. Para ele, ela era uma lembrança ambulante de promiscuidade da sua anterior esposa. Isto estava relacionado ao abuso sexual que ela teve de aguentar do seu padrasto, que começou quando tinha 10 anos de idade. Quando, em lágrimas, ela dizia à sua mãe sobre o abuso, a mãe batia-lhe com um cinto que deixava feridas durante semanas e prometia-lhe mais do mesmo se ela falasse outra vez do assunto.

Quando a Myrna deixou a casa, ao ser adolescente, casou-se com o único bom homem que (na sua mente) quereria um bocado de porcaria como ela – um bêbado alcoólatra.

Pobre Myrna: ela pensava que nem mesmo Deus podia amá-la – até que, os membros do seu grupo derramaram amor e aceitação para com ela. Aos poucos, a Myrna foi percebendo que estas pessoas sabiam tudo dela – e amavam-na ainda mais. Talvez, no fim de contas, Jesus possa ter morrido também por ela.

Resumindo, a Myrna foi rapidamente convidada para o treinamento de professores. Demos-lhe uma turma de quatro crianças. Depois de cerca de três meses, visitei a sua classe. As quatro crianças eram agora nove. Um aumento de cinco em três meses – nada de especial. Talvez não. Mas, eu desejaria que os visse. Os novos alunos de Myrna não tinham boas roupas de Domingo ou novos sapatos brilhantes. De facto, a Myrna tinha saído e trazido cinco dos miúdos mais negligenciados da nossa cidade. Ela, que um dia pensou que não era amada e não era querida, estava a certificar-se que estes miúdos negligenciados soubessem que *alguém* cuidava realmente deles.

Desejo a todos os cristãos do mundo o que John Wesley esperava para Ellen Gretton e sua banda. "Creio que nunca faltará a vossa companhia para se apoiarem uns aos outros em amor."

❧ Para Reflexão Pessoal e Acção ❧

1. Histórias do povo

O capítulo contém quatro histórias sobre pessoas cujas vidas foram transformadas pelo cuidado amoroso de um pequeno grupo de aliança

(Myrna, Sheila, Rick, Doris e a família citada na página de abertura deste capítulo).

Pode nomear algumas pessoas que conhece, que tenham sido "resgatadas" por pequeno grupo de cristãos? Se não consegue pensar em nenhuma pessoa, a quem é que atribui esse facto?

2. Uma pergunta importante

Tem um grupo de amigos de aliança com quem pode falar "sem reservas nem disfarces"? Se a sua resposta for não, o que pode fazer para mudar isso?

3. Estudo Bíblico

Leia 1 Tessalonicenses 4:1-8. Nesta passagem, Paulo aconselha os seus amigos sobre:

A. Imoralidade, impureza, paixão e luxúria.

B. Santificação, santidade, honra, agradar a Deus e obedecer ao Espírito Santo.

Considerando a lista negativa (a) e a lista positiva (b), acha que uma pessoa que se reúna todas as semanas com um grupo de pessoas que ora por ela todos os dias, que mostra interesse pelo seu progresso espiritual e que a apoia com gentil responsabilização, é mais provável que fique no "caminho estreito" do que um cristão que tenta andar sozinho?

4. Voando Alto

Gansos selvagens voam em Vs porque, voando em formação, conseguem voar quase duas vezes mais rápido do que se voarem sozinhos. Note que o desenho criado pelas asas de um ganso torna mais fácil para o próximo pássaro voar em linha.

De que maneira é que os cristãos são assim? Podes tornar o "voo" mais fácil para alguém esta semana?

> Assim nós, sendo-vos tão afeiçoados, de boa
> vontade quiséramos comunicar-vos, não somente
> o evangelho de Deus, mas ainda as nossas próprias
> almas; porquanto nos éreis muito queridos.
> —(1 Tessalonicenses 2:8) [1]

14

"Asa a asa e Remo a remo": Amigos Espirituais e Mentores de Fé

Sentamo-nos num banco debaixo de um eucalipto gigante desfrutando uma daquelas gloriosas tardes de Junho em Marin Country, Califórnia. Eu e o meu novo amigo falávamos de coisas teológicas, filosóficas e políticas. Ele olhou para o relógio.

"Oh, tenho de ir embora" ele disse, "tenho uma reunião de mentoreamento a menos de uma hora."

"Uma quê?" Perguntei.

"Uma reunião de mentoreamento. A nossa igreja tem este programa de mentoreamento. Cerca de 30 homens e mulheres profissionais na nossa igreja disponibilizam-se para juniores e seniores do ensino superior. Se um adolescente estiver interessado em lei, medicina, ensino, ou banco – seja o que for – podem ser atribuídos a um de nós."

"Atribuídos?" Perguntei.

"Sim, durante um ano mentoreamos os mais novos na nossa profissão. Ele ou ela acompanha-nos no nosso trabalho – entrando e obervando para a lei, medicina, ou ensino (esta é a minha área)," ele respondeu.

"Isso é rigidamente um negócio? Perguntei.

"Oh, não. Passamos também tempo social juntos. E as crianças normalmente também têm algumas questões básicas reais sobre a fé cristã."

"Parece-me que achas que é um bom investimento." Disse eu.

"Vamos pôr isto desta maneira. Pelo menos 25 jovens da nossa igreja seguiram a profissão de seu mentor da igreja. Isto é, 25 profissionais cristãos que a nossa igreja colocou no mapa, assim por dizer."

Quase mudo de surpresa murmurei, "Como verdadeiros wesleyanos."

"Não," respondeu ele, "somos todos presbiterianos."

> Lê-se na lápide compartilhada por eles,
> "Asa por asa e remo a remo."

Ele tinha razão, claro, mas eu também tinha razão, porque aqueles wesleyanos praticavam o mentoreamento de fé um-por-um. Adicionado às sociedades, turmas e bandas, John Wesley modelou e ensinou a orientação espiritual de um-por-um.

Não sabia disto até ter dispendido todo um verão a estudar perto de 3000 cartas de Wesley. Cataloguei-as e organizei-as de acordo com umas 125 categorias de formação espiritual. O que descobri foram centenas de cartas nas quais Wesley referia um crente a um outro cristão para aconselhamento.

As turmas e as bandas monopolizaram a faixa central nas investigações de um estudante de Wesley, mas parece que desde Wesley até todos os seus pregadores leigos no movimento, todos praticavam uma orientação espiritual regular de um-a-um. Frequentemente, Wesley trazia com ele um "bebé em Cristo" (novo convertido) e um cristão veterano, muitas vezes chamado de "pai espiritual" ou "mãe que nutre." Muitas vezes o próprio Wesley trazia "almas gémeas." Eram pessoas que tinham muito em comum, pessoal e espiritualmente. Muitas vezes essas combinações resultaram em amizades vitalícias e longos anos de orientação espiritual mútua.

A orientação espiritual wesleyana não era um tipo que pudesse ser chamado de "direcção espiritual". A *direcção* espiritual demasiadas vezes requer que a pessoa se submeta completamente à vontade do director. Essa perigosa prática produz muitos e muitos "cães de caça que devoram a lebre," para usar a metáfora de Tauler. As ideias centrais do mentoreamento da fé wesleyana eram e são o *voluntariado* e a *mutualidade*.

Quem precisa de um Mentor da Fé ou Amigo Espiritual?

Não salte esta secção. A resposta, seja você cristão veterano ou um novo, Podes ser *tu*!

Mentor de Fé

Quem precisa de um mentor de fé mais do que novos convertidos, cristãos fracos ou cristãos sinceros que têm repetidamente tentado viver uma vida santa – só falhando mais e mais vezes?

Tais pessoas precisam de um mentor de fé, ou "pai espiritual" ou "uma mãe que nutre," como Wesley chamava tais nutridores de fé. Um mentor de fé é aquele que viaja connosco na nossa jornada de fé, mostrando o caminho, ensinando-nos a vida e habilidades espirituais, segurando-nos de uma maneira responsável, provendo-nos cuidados e ambiente confortáveis e ajudando-nos a discernir a vontade de Deus para a nossa própria vocação e chamada.

Um mentor de fé ou pai espiritual serve como "porteiros de Deus." Ele ou ela pratica a "arte das artes." Um mentor de fé deve ser caracterizado pelo amor, respeito terno, santidade e competência teológica. Ele ou ela deve ter o dom de discernimento, muita paciência, prática de franqueza absoluta e honestidade e estar disponível para Deus, Espírito Santo.[2]

Tais pessoas, John Wesley nomeava para oferecer cuidados pastorais aos cristãos novos ou fracos. Wesley muitas vezes referia-se à sua prática como pôr "os bebés em Cristo sob os cuidados de pais espirituais."

O escritor contemporâneo Kenneth Leech diz que um mentor de fé ou orientador deve ter as seguintes qualidades:

1. Uma pessoa cheia do Espírito.

2. Uma pessoa caracterizada pela santidade de vida e achegada a Deus.

3. Uma pessoa de experiência na oração e na vida.

4. Uma pessoa que aprende – particularmente nas Escrituras.

5. Uma pessoa de discernimento que possa ler os sinais dos tempos e os escritos nas paredes da alma.

6. Uma pessoa que dá caminho ao Espírito Santo.[3]

Pode usar a ajuda pessoal de uma pessoa como essa?

A Chamada do Alto

JOHN WESLEY COMO MENTOR ESPIRITUAL

Wesley estava convencido de que a orientação espiritual era para todos. Repetidamente avisou o seu povo que eles não podiam aguentar-se sozinhos. Para Mary Bosanquet escreveu: "Precisa de uma firme orientação, e de alguém que a conheça bem."[4] A sua carta para Ann Bolton, a 8 de Junho de 1785, mostra a ideia de Wesley tanto da necessidade de uma orientação espiritual e como das qualidades que esperava num bom orientador espiritual. "Querida Nancy, - É, sem dúvida vantajoso que tenhas um amigo em quem possas confiar completamente que estará sempre perto de ti ou a uma pequena distância, e pronto a ser consultado em todas as ocasiões ... Por isso estou alegre porque o bom Provedor te deu um ... Podes certamente confiar nele em todas as alturas; ela tem compreensão, devoção e experiência."[5]

John Wesley modelou, assim como ensinou, o mentoreamento de fé. Se quer ver exactamente como é que o mentoreamento de fé trabalha, estude as cartas de John Wesley para Ann Bolton. Ele escreveu-lhe umas 130 cartas de orientação espiritual durante mais que 29 anos. Quando a Ann era adolescente, John (40 anos mais velho) influenciou-a a não ir adiante com o seu plane de casamento com um descrente. Depois disso, John Wesley sentiu um senso de responsabilidade pelo seu bem-estar. Como jovem adulta, a Ann tinha uma fé fraca; não obstante, estava a crescer debaixo da orientação de Wesley. Ela buscou fervorosamente a graça santificadora ou perfeição cristã por vários anos. Ela escreveu a Wesley dizendo que durante toda a sua busca temia que estivesse "muito longe da santidade." O seu mentor respondeu, "Quão longe estás tu da santidade? Não, pelo contrário deves pensar quão perto estás dela! Não estás mais longe dela do que estás da fé, do que estás de Cristo. E quão longe está Ele de ti? Não está Ele perto? Não está Ele justamente a bater à tua porta? Escuta! O Mestre chama por ti."[6]

> **Estou completamente convencido de que se tivesses sempre um ou dois amigos fiéis perto de ti, que te falassem da verdade dos seus corações e te apoiassem em amor, avançarias rapidamente.**

Eventualmente, Wesley pôde escrever para a Ann em celebração, "Dá-me muito prazer ouvir ... que Deus ... estabeleceu a tua alma no amor

Amigos Espirituais e Mentores de Fé

puro e deu-te o esperado testemunho d'Ele." Na mesma carta ele fala a Ann de outras duas mulheres (Hannah Bell e Patty Chapman) que "têm a mesma profunda experiência." A Ann devia conversar com elas para que "cada uma podesse ser proveitosa para as outras."[7]

Mas a vida santa não termina com a gloriosa entrada nela. O sofrimento em forma de aflição da morte de toda a sua família e uma doença que a incapacitava era um desafio para Ann. O seu mentor de fé esteve sempre lá perto dela durante todos aqueles anos. Wesley escreveu-lhe muitas cartas de consolação e encorajamento. "Aquele que Se fez o Capitão da tua salvação, aperfeiçoada através do sofrimento, chamou-te para andares no mesmo caminho."[8] Outra vez escreveu, "Sinto muita simpatia de ti nos teus problemas que te tornam excedentemente amável para mim."[9] Quando ele tinha 85 anos de idade, Wesley escreveu a Ann (então com 45), "Eu amo-te muito porque és uma filha de aflição."[10]

Como um mentor de fé, Wesley guiou Ann Bolton à graça da santificação por meio de perigos das tristezas e do sofrimento – e além da santificação e sofrimento, ao excelente culto cristão. Wesley chegou a chamá-la de "mãe que nutre" de todas as classes e bandas e reuniões de orações em todo o Witney. Wesley disse a muitas mulheres atribuladas a irem ter com ela para que ela as mentoreasse. Wesley dizia àquelas a quem orientava para irem ter com a Ann, que ela era "um perfeito padrão do carácter feminino."[11]

Frequentemente, as pessoas que podem oferecer o mentoreamento como um tipo de paternidade espiritual, são pessoas maduras que conhecem a vida e o andar cristão. As pessoas que precisam delas são muitas vezes jovens ou novos cristãos, ou os que são fracos na fé.

> **Um mentor de fé deve ter a habilidade de entender sem julgar, ... a habilidade de estar com os outros na dor.**

No entanto, muitos dos nossos cristãos mais velhos estão a tentar a todo o custo agir como jovens ou estão com muita vontade de virar tudo para a "população jovem" e depois trazer tudo para a velhice. O Carl Jung lembra-nos, "Não podemos viver a tarde da vida de acordo com o programa da vida da manhã. A tarde deve ter um significado de si mesmo e não pode ser um mero apêndice penoso."[12] A pergunta mais significativa que encara a nossa maturidade cristã é a escolha pela *estagnação* ou pela *generatividade*. Sharon Parks diz esta palavra profética, "A generatividade do adulto depende da fiel significante conexão com a próxima geração. Para acompanhar os jovens adultos na fé pode significar um redespertar do potencial da própria pessoa para a compaixão, excelência e vocação."[13]

Mas, vamos voltar à nossa pergunta, quem é que precisa dum mentor de fé?

Desenvolvi um Questionário de Inventário de Formação Espiritual. Indivíduos ou grupos citam as suas forças e fraquezas apercebidas ao fazer o questionário. O documento sonda 21 áreas que são vitais para viver uma aprofundada vida cristã. Administrei a pesquisa de vários diferentes grupos, incluindo alguns estudantes do seminário, pastores, turmas de posição e outros participantes. Mais adiante, sob minha supervisão, pastores de mais de uma dúzia de igrejas evangélicas usaram o instrumento para estabelecerem um "perfil" de formação espiritual das suas congregações.

Uma pergunta recebe constantemente qualificações baixas. Aqui está – pergunta sete.

Como é que avaliaria o sucesso em procurar um mentor de fé ou amigo de alma com quem possa compartilhar "qualquer coisa" sobre a sua vida espiritual?

5	4	3	2	1
Muito Satisfeito	Satisfeito	As vezes satisfeito	Raramente satisfeito	Não satisfeito

Os grupos com os quais tenho trabalhado propuseram uma avaliação de cerca de 1.6. Quem precisa de um mentor de fé ou amigo espiritual? Quase todos nós. Grupo após grupo, as pessoas dizem-me "Não temos ninguém com quem falar."

O poeta Robert Frost e a sua esposa estão deitados um ao lado do outro num cemitério de Nova Inglaterra. A escrita no seu túmulo comum lê-se: "Asa por asa e remo a remo." Os cristãos dizem-me que quando se trata da sua jornada espiritual não têm ninguém com quem viajar "asa por asa e remo a remo."

Amigos Espirituais

"Vai-te embora e não comas até que arranjes um amigo de alma, porque qualquer um sem amigo de alma é como um corpo sem cabeça."[14] Assim disse a irlandesa St. Brigid em *Book of Leinster*. O ancião irlandês Celtic tinha um nome para amigo de alma – *Anamchara*. Quando usavam essa palavra, todos sabiam a quem é que eles se referiam.

O tipo de mentoreamento chamado pelo nome de *amigo da alma ou amigo espiritual* é o tipo de orientação que acontece entre semelhantes espirituais. Neste arranjo de mentoreamento nenhuma posição *sénior* nem júnior é óbvia. Em vez disso, é um caso de "almas gémeas" que se mentoriam uma à outra.

John Wealey acreditava que mesmo o cristão mais forte necessitava de amigos espirituais para viver uma vida santa. Para o banqueiro exemplar Ebenezer Blackwell, escreveu, "Estou completamente convencido de que se tivesses sempre um ou dois amigos fiéis perto de ti, que te falassem da verdade dos seus corações e te apoiassem em amor, avançarias rapidamente."[15]

Como é um Mentor de Fé?

Pessoas interessadas em buscar ou tornarem-se mentores de fé podem aproveitar a revisão das qualidades que Deus usa em tais pessoas.

1. *Um mentor de fé é sensível aos relacionamentos.* Sondra Matthaei diz que "mentores de fé são pessoas em relacionamento com Deus e com outras pessoas como *co-criadores.*"[16] Isso quer dizer que a pessoa que é cristã devotada e amigável pode ser um mentor eficaz. Através de *relacionamentos*, o mentor de fé participa na transformação divinamente ordenada. Robert Evans diz, "A transformação é a incorporação transpessoal da graça de Deus."[17]

2. *Um mentor de fé incorpora a graça de Deus.* "Um mentor de fé ou amigo espiritual é um representante vivo da graça de Deus, uma pessoa que tem experimentado a graça de Deus ... e através de um viver cheio de graça estende essa graça aos outros."[18] Isso é dizer que um mentor de fé incarna (embora imperfeitamente) o Evangelho de Jesus Cristo. Tilden Edwards disse que "a nossa forma física é uma incorporação ambígua do Espírito."[19]

3. *Um mentor de fé sabe como ouvir com aceitação e respeito.* Um mentor de fé tem o dom e a "habilidade de compreender sem julgar, a habilidade de ouvir o que uma outra pessoa está a tentar pôr em palavras, a habilidade de estar com o outro na dor."[20]

Um ambiente de aceitação é muito essencial a qualquer mentoreamento ou comunhão de amigo da alma. A pessoa que se vicia rápido no julgamento legalista não é pessoa para se tornar numa alma terna. Os amigos eficazes da alma podem ouvir o pior de ti e ainda assim amarem, cuidarem e ajudarem-te para com a graça redentora de Deus e Sua vontade libertadora. Tal mentor de fé reflecte algo que se assemelha ao amor incondicional do Senhor.

O mentor de fé escuta a tua história respeitando-te, as tuas experiências, alegrias e angústias. Ele ou ela não afastará para o lado a tua história a fim de contar a sua história mais "importante".

O ego revelado a um amigo espiritual pode ser redentor. Pode tornar-se mais do que um encontro com uma pessoa religiosa. Pode ser um encontro com o meu ego mais profundo, um encontro que, como Agostinho registou em *Confession* força-me "a olhar para a minha própria cara."[21]

4. *Um mentor de fé pode muitas vezes discernir o movimento do Espírito de Deus.* "O discernimento é a consciência de Deus a operar nas nossas próprias vidas e nas vidas dos outros."[22] Estranhamente, o mentor de fé pode discernir Deus a operar nas nossas confusões, falhas, problemas e sucessos antes de nós mesmos discernirmos. Discerne a vontade e presença de Deuse ajuda-nos a fazer sentido das confusões da vida.

Tim informou como um mentor o ajudou a encontrar o sentido num momento de tragédia. "Ele levou-me a estar com a aflição como uma expressão ou fonte da graça que eu não sabia que existia. Ele abriu um santo reino no qual eu podia conhecer a Deus."[23]

O dom de discernimento do mentor pode ir muito longe quando nos ajuda a imaginar ou prever o significativo futuro que Deus tem para nós, um futuro que, sem ajuda, não poderíamos imaginar. Já ouvi e li um número de testemunhos de pessoas que entraram na frutífera vocação do ministério porque o mentor os "viu" no ministério antes que eles mesmo imaginassem uma carreira no ministério.

5. *Um mentor de fé tem a qualidade de abertura vulnerável de relacionamentos.* Um verdadeiro amigo espiritual não somente permite-te falar abertamente dos teus próprios problemas, falhas e alegrias mas também pratica uma auto e vulnerável abertura apropriada. Muitas vezes, um amigo espiritual é chamado a absorver a agressão e ira da própria pessoa a quem ele ou ela busca elevar à presença de Deus.

Wesley modela, novamente esta graça. A sua interacção com as pessoas a quem mentoreava era recíprocamente aberta. Ambas partes podiam falar sem reserva nem disfarces.

Quando as palavras severas de Wesley sobre certos escritores místicos ofenderam Henry Booke, o posterior confrontou Wesley com o seu "excesso." Wesley respondeu a Booke nestas palavras:

Querido Harry,
    A sua carta me deu prazer e também dor. Deu-me prazer porque foi escrita num espírito moderado e amoroso e me deu dor porque achei que te feri, a quem eu tão ternamente amo e estimo. Mas nunca mais farei isto. Eu agradeço-te sinceramente pela tua amável reprovação; é um bálsamo precioso – e será, creio, nas mãos do Grande Médico, um meio de curar a minha doença. Estou tão sensibilizado pela tua real amizade sobre a qual não posso escrever sem lágrimas. As palavras que mencionas foram muito fortes e nunca mais fluirão da minha boca.

Amigos Espirituais e Mentores de Fé

Meu querido Harry, não cesses nunca de orar pelo teu afectuoso irmão.

—John Wesley[24]

Em resposta ao seu amigo banqueiro e crítico, Ebenezer Blackwell, Wesley disse: "Fazes bem em avisar-me contra a popularidade, a sede do poder e aplauso, … contra uma humildade afectada, contra o poupar para mim mesmo, para dar aos outros por nenhum outro motivo senão a ostentação." Não estou ciente de que este seja o meu caso. Contudo, o aviso é sempre amigável … sempre oportuno, considerando quão enganoso é o meu coração e quantos inimigos me cercam."[25]

5. *Um mentor de fé com sucesso pratica o amor de se entregar a si próprio.* Os mentores de fé amam os outros o suficiente para darem do seu tempo e energias para ajudar a realizar os sonhos de uma outra pessoa. Sondra Matthaei afirma como a "Kathy" encontrou um mentor do qual ela diz, "é o guardador da minha visão. Ele segura a minha imagem com confiança como uma jóia e devolve quando necessito dela. Mas ele guarda-a para mim porque é também a sua visão para mim. Este guardador de imagem da visão tornou-se o meu modelo de ministério."[26]

> **Ele segura a minha imagem com confiança como uma jóia e devolve-me quando necessito dela.**

Os mentores de fé mais efectivos são marcados pelo amor de se darem a si mesmos numa afecção incomum. A primeira qualidade que a pessoa nota nas cartas de Wesley é o seu amor imperturbável para com os seus correspondentes. A sua linguagem soa muito como as palavras de Paulo aos Tessalonicenses, "Assim nós, sendo-vos tão afeiçoados, de boa vontade quiseram comunicar-vos, não somente o Evangelho, de Deus, mas ainda as nossas próprias almas; porquanto nos éreis muito queridos" (1 Tessalonicenses 2:8).

Para Peggy Dale, Wesley diz, "Pensei que era rigidamente possível amar melhor do que amava … Mas o teu afecto simples, indisfarçado, aumentou excessivamente o meu."[27]

A Miss Clarkson é dito, "Eu amo-te porque acredito que és vertical de coração e porque és filha da aflição."[28] "Eu sempre te amei desde que te conheci," diz Wesley a Sra. Knapp, "mas ultimamente mais do que nunca, porque acredito que estás mais devotada a Deus e mais sedenta de Sua santa imagem."[29]

Centenas de tais experiências de afeição incomum pontuam as cartas de orientação espiritual de Wesley.

"O amor que se dá a si mesmo liberta as pessoas a verem-se a si mesmas de novas maneiras, a lidar com sentimentos ameaçadores e para provar novos comportamentos. Os mentores de fé incarnam o amor de Deus de maneiras não possessivas."[30]

O Cão não Morreu

"O que é que te deu muita satisfação ou prazer durante o último ano?" Com esta pergunta abri um seminário com a participação de 20 pastores. Dei-lhes um momento para pensarem na pergunta e depois comecei a pedir as suas respostas. O terceiro ministro que chamei disse, "Não posso pensar numa coisa dessas categorias que aconteceram comigo. Foi um ano de perdas pessoais e profissionais. Pergunte-me mais tarde - pode ser que consiga pensar em algo."

Continuei em redor do círculo e eventualmente voltei para ele como ele me tinha pedido. Desta vez ele disse, "A única coisa que consigo pensar que veio para a minha satisfação é que o meu cão não morreu." Devo ter olhado para ele estranhamente, e por isso ele explicou-se rapidamente. "Tive-o durante nove anos. Estava doente quando tive que partir para uma viagem. Tinha a certeza de que havia de morrer durante a minha viagem, mas quando voltei o meu cão não tinha morrido."

Durante um intervalo, perguntei-lhe se tinha um "amigo espiritual," uma pessoa fora da família com quem ele podia falar, sem reservas nem disfarces." Tal como muitos outros ministros, ele não tinha ninguém – ninguém "asa por asa e remo a remo."

❧ Para Reflexão Pessoal e Acção ❧

1. Avaliar ideias

As principais ideias enfatizadas neste capítulo incluem o seguinte. Reveja-as e ponha um círculo na ideia que é mais importante para si agora.

A. Todo o cristão precisa de alguém para conversar dos assuntos mais profundos, mas muitos não têm esses amigos.

B. John Wesley dá-nos um grande modelo para fazermos orientação espiritual.

C. Definições e qualidades de mentores de fé e amigos da alma.

D. Um mentor de fé ou amigo espiritual deve influenciar muitas áreas da vida, não somente a prática da vida espiritual.

Amigos Espirituais e Mentores de Fé

E. Um bom mentor de fé ou amigo espiritual é "porteiro de Deus" – uma pessoa que pode levar-nos à presença de Deus e levar-nos para perto d'Ele.

2. As Faces detrás das Características

A. No capítulo 14, as qualidades ou características das pessoas que Deus usa como mentores de fé um-a-um ou amigos cristãos são analisadas. (Veja *Como é mentor de fé?*)

Um mentor de fé:
—*É sensível aos relacionamentos,*
—*Incorpora a graça de Deus,*
—*Sabe como escutar com aceitação e respeitosamente,*
—*Pode muitas vezes discernir o movimento do Espírito de Deus,*
—*Pratica o amor e entrega-se a si mesmo.*

B. Reveja o que o livro tem a dizer sobre as qualidades precedentes. Depois, quando pensar sobre cada uma das qualidades, escreva o nome de alguém que demonstra essa qualidade. Dê particular atenção às pessoas que exercitaram esses dons pelo seu bem. Separe tempo para orar por todas as pessoas cujas faces aparecem quando pensa nas qualidades de vários mentores de fé. Porque não fazer anotações sobre elas ou ligar-lhes e dizer-lhes que estão na sua oração de acção de graças?

C. Numa escala de 1 a 10 (sendo 1 perfeito e 10 terrível), como se avaliaria quando se trata de possuir e praticar as qualidades de um bom mentor de fé e amigo espiritual? Considere cada qualidade cuidadosamente – sem falsa humildade. Olhe de perto os dons que tem para servir outros cristãos.

3. Na Palavra

A lição bíblica para este capítulo é 1 Tessalonicenses 2 e 3. Estude estes capítulos com a lista das qualidades para os mentores de fé na mente. Cuide para anotar e listar as qualidades anotadas no livro que Paulo demonstra no capítulo 2 e 3 de 1 Tessalonicenses.

Por exemplo, Paulo pratica o amor de entregar-se a si mesmo de acordo com 2:8, que se lê, "assim nós, sendo vos tão afeiçoados, de boa vontade quiséramos comunicar-vos, não somente o Evangelho de Deus, mas ainda as nossas próprias almas; porquanto nos éreis muito queridos." Estará surpreso quando vir que Paulo enquadra o perfil para o mentor de fé como se encontra no capítulo 14.

4. Para o seu Diário

Ao dar entradas no seu diário de vida espiritual esta semana, crie um diálogo com o autor deste capítulo. Diga ao autor o que gostou muito e o que gostou menos no capítulo. Liste qualquer outra pergunta que tem para ele. Faça o autor saber que mudança faria se fosse nomeado para reescrever este capítulo. Liste também qualquer discernimento ganho e qualquer progresso espiritual que teve ao estudar este capítulo.

> Porque, qual é a nossa esperança ou gozo, ou coroa de glória? Porventura não o sois vós, também, diante do nosso Senhor Jesus Cristo, na Sua vinda. Na verdade vós sois a nossa glória e gozo.
>
> —(1 Tessalonicenses 2:19-20)[1]

15

Juntos Podemos Fazer: Um Novo Olhar sobre os Mentores de Fé

O clássico de Dante, *A Divina Comédia* é provavelmente a história mais fina escrita sobre o mentoreamento. Nele, Dante é chamado a fazer uma jornada para o amor e o céu. A sua amada Beatrice está no céu e Dante espera pousar na costa onde será reunido com o amor de sua vida e viverá eternamente com Deus.

O amor e o céu, contudo, não são facilmente atingidos. Para lá chegar, Dante tem que viajar pelo inferno e purgatório (Dante era um católico que vivia perante a Reforma Protestante durante os anos 1265-1321). "A meio caminho na jornada da vida," a história começa, Dante está perdido numa floresta de pressentimento onde está a ser perseguido por animais ferozes. Ele está apavorado e não encontra a saída para longe dos bosques. Quando abandonou toda a esperança, Virgil, o poeta romano, aparece para ajudar o Dante na sua jornada. O que acontece depois disso é a ilustração clássica do relacionamento entre o mentor e o protegido.

Virgil providencia uma visão para a jornada. Convence Dante que ele é um enviado da Beatrice, que espera por ele no céu. Virgil já tinha estado no inferno; por isso, ele conhece o território. Ele preenche todas as funções de mentoreamento ao persuadir Dante a não desistir, aponta o caminho, guia por terreno traiçoeiro, traduz códigos enigmáticos, protege, acalma as bestas viciosas, remove obstáculos e encoraja constantemente Dante. Numa certa altura, Virgil pega no mentoreado, Dante, como faria a uma criança e desce por um aterro rochoso para escapar de um bando de espíritos malignos.

Virgil, o mentor, traz Dante à mesma cova do inferno, onde a besta, Satanás se senta. Simbólico no revestimento do "lado escuro" da própria pessoa, Dante olha para a pessoa do diabo. Mas pendurado sob o pescoço de Virgil, ele escapa.

A próxima parte da jornada é a migração pelo purgatório – menos ameaçador do que o inferno. Tendo ganho a compreensão e experiência pela sua jornada pelo inferno, Dante já começa a andar ao lado de Virgil em vez de seguir atrás dele. O relacionamento entre os dois viajantes já era de igualdade. No inferno, Virgil era a autoridade de protecção. Agora, já se torna amigo e conselheiro.

Quando a jornada se aproxima do céu, Virgil começa as suas férias. Não pode guiar Dante para frente. E, tal como em muitos relacionamentos de mentoreamento, o mentoreado vai para além da visão e experiência do mentor. À beira do céu, Virgil dá a sua última bênção e encorajamento: "Livre, íntegro e santa é a tua vontade ... então eu te coroo."

Em relatos de relacionamentos como estes de Virgil e Dante, Mentor e Odisseu, e Elias e Eliseu, encontramos ricas e brilhantes ideias para o mentoreamento de fé. Este é o evangelismo para o século XXI. Ao longo de últimas décadas, os cristãos têm tido todo o tipo de treinamento e não pouparam nenhum esforço para dominar as formas de ganhar estrangeiros para Cristo, em aviões, na rua e no trabalho. O campeão do evangelismo era o que podia ganhar uma alma entre as saladas e as sobremesas do café.

Tais coisas procurámos enquanto os nossos filhos e outras pessoas já ligadas à igreja se desligavam inadvertidamente pela porta dos fundos. Mas nós aprendemos a nossa lição – o evangelho rápido não funciona. Devemos passar mais tempo com *poucas* pessoas. Isto significa que devemos ser intencionais quanto ao mentoreamento de fé. Ou seja, não deixaremos o mentoreamento ao acaso, mas ocuparemo-nos dos propósitos do mentoreamento de fé.

Esta história mostra.nos algumas das formas que os mentores de fé usam. Actualmente, as suas tarefas são tão variadas quanto a gama das necessidades da humanidade.

Eu estive sem mentor em mais de uma encruzilhada, mas em muitas das duras decisões e viragens cruciais, Deus, na Sua graça, pôs um mentor ao

Um Novo Olhar sobre os Mentores de Fé

meu lado. Se alcancei qualquer coisa que vale a pena foi devido aos habilidosos mentores tanto na minha vida pessoal como profissional. Estiveram sempre lá, acreditando em mim, encorajando-me, dando-me oportunidades e algumas vezes cuidando o suficiente para me confrontar. Comecei a pôr aqui uma lista de nomes das pessoas que facilitaram os meus sonhos e visões. Mas apesar de estar orgulhoso delas, elas podem não querer levar crédito de qualquer das minhas artimanhas. Assim, por amabilidade, deixarei que aqueles pastores, professores, supervisores, colegas e membros da família que me mentorearam continuem anónimos por agora.

O Papel dos Mentores da fé

Sondra Matthaei identifica sete papéis dos mentores de fé: guia, treinador, modelo, patrocinador, fiador, mediador. Vamos passar um olhar breve sobre estes papéis como aparecem na vida e em 1 Tessalonicenses.

1. Guia

O mentor de fé é como um guia que já andou neste caminho. Ele ou ela sabe o que há à frente em termos de perigos, desafios e realizações. O mentor de fé guia mostra o caminho como um explorador com experiência.

Um mentor de fé guia não opera sozinho em assuntos espirituais. Não podemos separar a nossa devoção religiosa do resto da vida. Por isso, decisões sobre educação, casamento, finanças e carreiras são assuntos para dialogar com o mentor guia de fé.

O meu amigo, Milton, tem um emprego importante com uma larga corporação. Nos últimos doze anos do nosso relacionamento ele perdeu quatro ou cinco assistentes. O seu mais recente assistente perdido escreveu-lhe esta carta:

> Caro Milton:
> Obrigado pela sua generosidade para comigo quando parti. Não queria ir embora, mas a empresa ofereceu-me um emprego que não poderia recusar. Nunca pensei que podia alguma vez arranjar um emprego como este. Sei que devo muito a si. Ensinou-me muito.
> Nunca me esquecerei dos meus dias no seu departamento.
>
> Tudo do bom,
>
> —Jim

Quando comentei sobre os assistentes que o tinham deixado, Milton simplesmente disse, "Todos foram para algo maior e melhor. Tu sabes que parte da descrição do meu emprego é certificar-me se os meus subordinados tiveram sucesso. Se tiveram sucesso, sinto como se fosse o dia do pagamento."

> **Um Mentor Treinador faz-nos assistir os filmes do jogo, faz-nos assistir os nossos erros num movimento lento doloroso. Isso é responsabilidade.**

Quando Timóteo voltou com o bom relatório sobre os cristãos de Tessalónica, Paulo, mentor deles, sentiu também como se fosse o dia de pagamento. Ele escreveu-lhes, "Porque, qual é a nossa esperança ou gozo, ou coroa de glória? Porventura não o sois vós, também, diante do nosso Senhor Jesus Cristo, na sua vinda? Na verdade vós sois a nossa glória e gozo."

Milton, o mentor de negócio, ensina-nos um outro ponto importante sobre mentoreamento. O mentor protegido ou o relacionamento entre mentor-mentoreado habitualmente não dura por toda a vida. Na natureza das coisas, o mentoreado muitas vezes "passará" o mentor. Algumas vezes a dissolução do relacionamento é tensa, e até explosiva. O bom mentor sabe quando deve ir embora. O bom treinador não fica amargurado quando o seu jogador gradua.

Outra vez encontramos um exemplo na vida de John Wesley. William Law nutriu Wesley em santidade, mas quando o próprio entendimento e visão de Wesley da vida santa ultrapassou a de Law, Wesley, quase o renunciou. Algumas vezes a função do mentor é pôr os pés nos seus ombros para que possa ir mais alto do que aquilo que o próprio mentor pode alcançar.

Um amigo meu assistiu um mentor a ir-se embora. A sua resposta foi clássica: "Ensine uma criança a tocar violino e ela será responsável por ser violinista."

2. Treinador

Um outro papel importante do mentor de fé é o de treinador. Um treinador instrui-nos nas regras do jogo, ajuda-nos a desenvolver habilidades, encoraja-nos quando a caminhada se torna áspera, e torna-nos responsáveis pela nossa actuação.

Paulo fala como um treinador-instrutor ao dizer aos tessalonicenses que deseja vê-los face-a-face para que "pudéssemos suprir o que falta na nossa fé." (ver 1 Tessalonicenses 3:10)

Um Novo Olhar sobre os Mentores de Fé

Joguei futebol no ensino superior. Lembro-me dessa experiência com sentimentos positivos – excepto quando o treinador Brown me punha para fora do jogo e me mantinha responsável pelo equipamento perdido ou passagens derrubadas. Por mais desagradável que seja, todos precisamos de mentores que nos mantenham responsáveis.

O mentor treinador faz-nos assistir os filmes de jogos. Ele ou ela mostra-nos o que fizemos bem e o que fizemos mal – num movimento lento doloroso. O mentor-treinador ensina-nos novas habilidades, habilidades que nunca soubemos que necessitamos até assistirmos o filme do jogo.

Paulo, o mentor de fé, esperava dar habilidades de orar (5:17), acção de graças (v 18) abstenção do mal (v 22); encorajamento e conforto um ao outro (4:18; 5:11), autocontrolo (4:3-5); e amor entre irmãos (3:12). Ele queria equipá-los a todos com o peitoral da fé e amor, o capacete da salvação, e a protecção da sobriedade e agilidade.

No desporto, é muitas vezes o treinador que não te deixará desistir quando o andamento se torna duro. Quando Ann Bolton estava subjugada com angústia e sofrimento, o seu mentor-treinador escreveu, "Parece bom ao Senhor provar-te como por fogo ... levanta os olhos e olha para Ele que te ama. Diz-Lhe, como uma criancinha, todo o teu querer. Olha para cima ... Ele ouve o clamor do teu coração."[3]

Quando Jane Hilton, uma nova cristã debaixo do mentoreamento de Wesley, foi devastada com uma intimidante tentação, ele escreveu-lhe, "Cristo é teu, e Ele é mais sábio e mais forte que todos os poderes do inferno. Pendura-te n'Ele, apoia-te n'Ele com todo o peso da tua alma."[4] O seu treinador espiritual não a deixou desistir.

> **Ensine a Criança a tocar violino e ela será responsável por ser violinista.**

Da mesma maneira, Paulo escreveu aos crentes tessalonicenses. Quando eles e os seus líderes Jason e Aristarchus se tornaram cristãos, a cidadania local voltou-se para eles. Eles alugaram os serviços da maior agência de *"rent-a-mob"* na Grécia e correram com Paulo para fora da cidade e prenderam Jason e Aristarchus.

O treinador Paulo não os deixaria desistir mesmo ao enfrentar a perseguição homicida. Apesar de ele não poder entrar na cidade para vê-los, enviou Timóteo (a quem a perseguição não o conheceria) para o amotinado com instruções sobre o que fazer.

Paulo deu-lhes este discurso a meio tempo num jogo muito duro. "(Quero) para vos confortar e vos exortar acerca da vossa fé; Para que ninguém se comova por estas tribulações; porque vós mesmos sabeis que, para isto, fomos ordenados, ⁴Pois ... , vos predizíamos que havíamos de ser afligidos, como sucedeu, e vós o sabeis" (1 Tessalonicenses 3:2-4) ⁵

Lembro-me do meu treinador de futebol dando-nos esse tipo de discurso. Ele diria, "Nunca vos disse que seria fácil! O vosso problema é que querem usar o uniforme de futebol, mas não querem jogar futebol. Estou à procura de 11 homens que queiram jogar futebol na segunda parte! Sim, estamos atrás. Mas é ainda muito cedo para desistir!"

Quão oportuno é o cristão que tem um amigo espiritual ou um mentor de fé que lhe dará tal discurso quando o caminhar se tornar duro!

Precisamos notar uma última coisa sobre um treinador. Ele ou ela pode dar discursos, mostrar filmes de jogos, ensinar habilidades – mas o treinador não pode e não deve jogar por si. Um amigo espiritual ou mentor de fé não pode tomar as suas decisões duras por si, não pode carregar os seus problemas e resolvê-los. Ele ou ela não pode bater em todos os seus inimigos, fazer o seu exame final ou protegê-lo de todos os temporais. Em vez disso, o seu treinador espiritual permanece ao lado, encorajando, ensinando e persuadindo na sua busca ascendente da auto-estrada da santidade.

3. Modelo

A pessoa que está à procura de um amigo espiritual ou mentor de fé, está à procura de um exemplo vivo, um modelo de uma vida santa. Ele ou ela está à procura de alguém "com quem se possa parecer." Todos os novos crentes precisam de um modelo confiável, que demonstre a graça de Deus na espiritualidade, no relacionamento e no dar sentido à vida.

Os tessalonicenses encontraram esse modelo em Paulo e na sua companhia de missionários. Paulo não tinha medo de tomar o papel de *modelo*. Ele escreveu: "como ... sabeis quais fomos entre vós por amor de vós ... vós vos tornastes imitadores nossos e do Senhor, tendo recebido a palavra em muita tribulação, com gozo do Espírito Santo" (1:5-6).⁶ Mais tarde na mesma carta, Paulo diz "Vós, e Deus sois testemunhas de quão santa , e justa, e irrepreensivelmente nos houvemos para convosco, os que crestes" (2:10).

Os tessalonicenses encontraram esse modelo em Paulo e na sua companhia de missionários. Paulo não tinha medo de tomar o papel de modelo. Ele escreveu: "Vós, e Deus sois testemunhas de quão santa , e justa, e irrepreensivelmente nos houvemos para convosco, os que crestes" (2:10).⁷

Um modelo é, de acordo com Sondra Mattaei, uma "pessoa respeitada que viaja connosco, um exemplo vivo de espiritualidade, estilo de vida, valores, que partilha experiências de vida, vocação, intimidade, feminidade, masculinidade e honestidade."⁸

Laurent Daloz nota que se observarmos os nossos modelos, precisamos perceber que no fim não "nos tornamos **como** eles, mas, ... tornamo-nos completamente nós mesmos, **através** deles."⁹

Mentores de fé são muitas vezes cristãos viajantes que permitem que cristãos aprendizes "olhem para os seus ombros como se ambos quisessem viver como cristãos."¹⁰ Quando observarmos que o cristianismo é melhor *agarrado* que *ensinado*, afirmamos a nossa crença que os cristãos-modelo são mais importantes que uma aula de catecismo.

> Os jovens precisam de modelos adultos confiáveis que dão garantias, sem palavras, de que a idade adulta é um bom lugar para **se estar**.

4. Patrocinador

Algumas vezes o mentoreamento de fé leva ao papel de *patrocinador*. Uma igreja de Los Angels formalizou o papel de patrocinador. Cada jovem que buscasse ser "confirmado" era atribuído a um patrocinador, cuja função era impressa para que todos vissem:

a. Um modelo de como uma *pessoa* de fé vive no mundo de hoje.

b. Um *amigo* que conhece o candidato e pode testemunhar a fé madura do candidato diante da comunidade.

c. Um *guia* confidente e que escuta.

d. Um *aprendiz* que está interessado no seu próprio crescimento à medida que ele ou ela anda na jornada de fé com o candidato.

e. Alguém que ... convidará o candidato para uma participação mais completa de vida na igreja e no serviço!¹¹

Paulo era um mentor-patrocinador aos novos crentes em Tessalónica. "Fomos ... brandos, entre vós como a ama que cria seus filhos Porque agora vivemos, se estais firmes no Senhor" (2:7-8; 3:8).¹²

De que maneira é que um patrocinador designado na igreja o ajudou como jovem ou um novo cristão?

5. Defensor

Cada peregrino na auto-estrada da santidade num momento ou noutro precisa de um amigo espiritual que possa tornar-se defensor. Familiares, amigos e companheiros cristãos podem não compreender e podem perder fé em si. Mas um defensor aposta em si, acredita em si, fica do seu lado, pleiteia pelo seu caso, e afirma-o. Um defensor apoia a sua honesta busca pelo sentido, verdade e identidade, mostrando paciência e dando-lhe espaço para crescer.

Os crentes tessalonicenses encontraram tal defensor em Paulo, quem se levantou por eles como se eles fossem seus próprios filhos. "Assim como bem sabeis de que modo vos exortávamos e consolávamos, a cada um de vós, como o pai aos seus filhos." (2:11-12).[13]

6. Fiador

Ross Snyder, David Ng. Sondra Matthaei, e William Myers, falam de mentor de fé como um *fiador*.[14] A ideia de fiador ajusta-se ao mentoreamento de fé de relacionamentos tipo viajante aprendiz, maturidade-inexperiência, sénior-júnior ou idoso-jovem.

Há muitos fiadores fraudulentos à volta, como Stephen Crane aponta:

Um homem instruído veio ter comigo uma vez.
E disse, "Conheço o caminho – venha,"
E eu fiquei muito alegre com isto.
Juntos aceleramos.
Cedo, muito cedo, estávamos
Onde os meus olhos eram inúteis,
E não conhecia os caminhos dos meus pés.
Peguei na mão do meu amigo,
Mas no fim ele exclamou, "Estou perdido."[15]

Precisa de modelos confiáveis que "incarnam o *estado de adulto* de formas que encoragem o jovem a crescer. Desta maneira, eles garantem que o estado de maturidade é um bom lugar para se estar."[16]

Tais fiadores são modelos de trabalho do "próximo passo." São adultos que estão a "viver ou tornar-se futuro agora." O mentor de fé implica observar a juventude que vale a pena encarar o futuro, que a autêntica fé em Deus o faz valer a pena."[17]

Com certeza, Jesus Cristo é o maior fiador de todos. E Ele é o modelo de todos os mentores-fiadores de fé. Paulo e os tessalonicenses encontraram Jesus Cristo, cuja graça, evangelho, morte e a ressurreição torna a vida, mesmo com perseguição homicida, digna de viver.

7. Mediador

Um dos princípios básicos dos protestantes é "o sacerdócio de todos os crentes." Para os americanos modernos, isso significa simplesmente que eles podem orar directamente a Deus sem terem que ir pelo sacerdote. Mas essa é uma simples parte do significado do sacerdócio de todos os crentes. O significado negligenciado tem a ver com o facto de que todos os cristãos comuns poderem tornar-se sacerdotes uns dos outros. Essa é uma maneira de descrever o serviço mútuo que os mentores de fé e amigos da alma dão uns aos outros. É um ministério de mediação.

Por isso, um dos papéis do mentor de fé é o de um mediador, uma pessoa que junta pessoas e possibilidades. Um sacerdote deve juntar Deus e as pessoas. Jesus, o nosso grande Sumo-sacerdote e mediador, traz-nos ao contacto com a graça salvífica e santificadora de Deus.

Um humano mentor de fé pode mediar amor, graça, conhecimento próprio e o discernimento da vontade de Deus, assim como a aceitação, segurança e sentido de direcção na vida. Um mediador de fé pode mediar entre um passado doloroso e um futuro completo de promessas no brilho solar do amor redentor de Deus. Um amigo da alma pode tornar-se uma ponte de mediação que liga o que temos sido com o que podemos ser.

Paulo viu os sonhos dos novos crentes em Tessalónica. Como mediador mentor, ele buscou guiá-los à auto-estrada da santidade. O seu profundo desejo para o futuro deles é visto nas suas duas orações por eles nos capítulos 3 e 5. "Ora, o próprio Deus e Pai nosso e o nosso Senhor Jesus ... confirmar os corações, de sorte que sejam irrepreensíveis em santidade" (3:11,13).[18] Na seção conclusiva da Epístola, Paulo resume o desejo de seu coração para os crentes tessalonicenses em uma oração beneditória "E o mesmo Deus de paz vos santifique em tudo; e todo o vosso espírito, sejam plenamente conservados irrepreensíveis para a vinda do nosso Senhor Jesus Cristo. Fiel é o que vos chamou, também o fará" (5:23-24). [19]

> **Ser um amigo da alma ou um mentor de fé é viver o princípio protestante do sacerdócio de todos os crentes.**

O mentor-mediador de fé traz a história pessoal e experiência religiosa do mentor ao contacto com o coração da fé cristã como ensinado na Bíblia e na tradição cristã. O mentor-mediador é, de acordo com James Fowler, estar envolvido num "processo em andamento ... através do qual as pessoas (ou um grupo) gradualmente traz a história vivida das suas vidas à congruência com a história central da fé cristã."²⁰ Assim, um mentor de fé eficaz precisa *conhecer* as crenças centrais da fé cristã, e ele ou ela deve *conhecer* a Bíblia. Eduard Sellner afirma que um mentor deve ser "algo de erudito," que continuamente reflecte na experiência na fé e em Deus. "Este entendimento de busca de fé – definição de Anselmo de teologia – pressupõe o conhecimento das tradições cristãs, a escritura, ... (e) cultura."²¹

O mentor-mediador confiável também traz a jornada pessoal da fé do mentor e experiências religiosas para um relacionamento dinâmico com a comunidade de fé. Cuidado com o guia espiritual que não forma uma ponte entre o central bíblico da fé cristã. Tenha cuidado com o guia espiritual que não o leva à igreja, às chamadas comunidades de fé.

Já olhámos para as qualidades e papéis dos mentores de fé e amigos espirituais. Essas pessoas parecem maiores que a vida. A única coisa que não catalogámos é sobre a palma das asas destes anjos.

"Seria muito bom ter um mentor de fé" poderá estar a dizer, "mas uma pessoa comum como eu nunca seria mentor." Podia estar a dizer isso mas estaria errado.

Nenhum mentor humano pode possuir todas as qualidades ou preencher todos os papéis que foram citados. Não obstante, muitos de nós podemos servir como mentores de fé ou amigos espirituais em algum momento.

Olha para ao seu horário preenchido e suspira. "Como é que poderia eu arranjar tempo para ser um mentor de fé ou amigo da alma?" Apesar de ser verdade que os cristãos devem passar mais tempo com poucas pessoas, alimentar relacionamentos não domina necessariamente o seu tempo. Muitos mentores de relacionamentos são de curta duração, alguns tão curtos como uma semana, um dia, uma hora.

O MENTOR ORIGINAL

Agora que já lidámos com os mentores e mentoreamento ao longo de muitas páginas, é tempo de pensarmos de onde é que vem a palavra original de mentor. Mentor é uma pessoa que habita nas epopeias gregas como *Iliad* e a *Odyssey*. Ele era um homem bom e sábio cujos conselhos eram como tesouros. Era amigo da juventude de Odysseus. Na sua longa jornada para casa, o Odysseus recebe conselho do ausente mentor por via de Atenas, a deusa da sabedoria., que vem a Odysseus em forma de mentor.

O mentor é nomeado para a tarefa de cuidar do Telemachus filho de Odysseus. Na procura do filho pelo seu pai, o mentor guia-o. Outra vez, é Atenas que vem a Telemachus em forma de mentor para aconselhar. "Assim, o mentor é tanto feminino como masculino, mortal e imortal Sabedoria personificada."²²

Um Novo Olhar sobre os Mentores de Fé

Atenas, na forma de mentor, ajuda o filho, pai e avô a recuperar a herança que é deles. Atenas, por sua vez, é descrita como "Auto-confidente, corajosa, de olhos claros, forte, inteligente … judiciosa e boa." Ela é também chamada de "Fazedora da alma" e "Dadora da alma."

Ao longo dos séculos, os interessados em "fazer almas" e transmitir a herança espiritual, encontraram nesta clássica história um modelo útil do que chamamos hoje de mentores de fé.

৯ Para Reflexão Pessoal e Acção ৯

1. Deixe-me dizer-lhe como me sinto …

Qual dos seguintes descreve os sentimentos que teve quando lia o capítulo 15? Confira tudo o que aplica e pense sobre o porquê te sentiste dessa maneira.

A. Desejo ter sabido disso quando …
B. Uau, que maravilhosa ideia!
C. Hum hum.
D. Há esperança para mim.
E. Eu podia fazê-lo.
F. Isto é realmente assustador.
G. Que alívio!
H. Porque é que isto não aconteceu comigo?
I. "Obrigado, Senhor, por … "
J. Regozijai, outra vez digo, regozijai.
K. Isso é como o brilho solar.
L. Que deprimente!
M. Outros.

2. Compreender Conceitos.

No capítulo 15, são apresentadas sete regras para um mentor de fé. Reveja essas regras, certificando se compreende cada uma e como é que cada uma das regras é, de alguma forma, diferente das outras. No espaço providenciado, escreva uma declaração que, para si, é a ideia "chave" sobre a regra.

A. Guia;
B. Treinador;
C. Modelo;
D. Patrocinador;
E. Defensor;

F. Fiador;
G. Mediador.

Olhe para a lista e para os seus comentários e pense nas seguintes questões: (1) qual destas regras *alguém* cumpriu por mim? (2) Qual destas regras *ninguém* cumpriu por mim? (3) Qual destas regras é que devia estar a cumprir por um outro alguém? Seja específico – dê nomes.

3. De Volta à Bíblia

As seguintes passagens das Escrituras são citadas no capítulo 15. Abra 1 Tessalonicenses na sua Bíblia e leia-as novamente. Leia-as em oração, pedindo ao Espírito Santo para falar ao seu coração. Não está a estudar para o exame, analisando as palavras gregas, ou tentando fazer uma lista – está somente a abrir a sua mente e coração ao que o Espírito pode querer dizer ou fazer enquanto lê e medita. Aqui estão as passagens: 1 Tess. 2:7-12; 3:8,11-13; 4:3-5,18; 5:17-18,22-24.

4. Para o Seu Diário

A. Das passagens bíblicas da lista acima, seleccione um versículo para memorizar. Escreva-o no seu diário. Estude-o. Ponha-o atrás do seu cartão de visita ou num pedaço de papel e leve-o esta semana na sua pasta ou carteira. Repita o versículo como oração antes das suas refeições.

B. Reveja a secção no capítulo 15 que lida com o mentor de fé como treinador. Note que uma das coisas que o treinador faz é pôr-nos a assistir um filme de jogo enquanto aponta o que fizemos bem e o que fizemos mal. Seja o seu próprio treinador. Seleccione uma área de vida santificada na qual tem trabalhado ultimamente. Na sua mente, em oração assista o "filme do jogo." No seu diário, escreva o título "Comentários do Treinador." E depois aliste os conselhos, encorajamento e correcções. Volte a ler esta parte do seu diário na próxima semana para ver como se sente ao ler os "comentários do treinador."

C. Uma oração a fazer (uma paráfrase personalizada de 1 Tessalonicenses 5:23),

> *Que o próprio Deus, o Deus de paz*
> *Me torne santo em todas as partes,*
> *Santificando-me mais e mais,*
> *E guardando-me no espírito, alma e corpo,*
> *Santo e limpo, pronto para a vinda do Senhor Jesus Cristo*
> *Ámen*

Os nossos massacrados horários, a nossa sonolência pela manhã, e nosso cansaço fazem com que a adoração familiar da noite seja a última disciplina espiritual implementada e a primeira em ser negligenciada.

16

Alimento Espiritual na Família

A minha filha, socióloga, foi convidada a ensinar uma série sobre a família numa grande turma de Escola Dominical de adultos. Sacudiu o pó das suas notas de conferência e dos manuais que usou para ensinar uma turma universitária. No entanto, ela distribuiu um questionário para encontrar as necessidades do grupo. A necessidade número um citada pelos membros da turma, não tinha nada a ver com a teoria social relacionada com o casamento ou com habilidades parentais. Eles simplesmente perguntaram "Podes ensinar-nos como ter uma devoção familiar?"

Acabou por partilhar com eles o plano de John Wesley para a adoração familiar. Aqueles de nós que aguentaram com a "bandeira" da herança wesleyana podem ter aprovado que, não somos totalmente wesleyanos se não nos aperfeiçoarmos na religião familiar.

Ao examinar os pequenos grupos de John Wesley, não podemos esquecer um dos mais importantes – a família. As sociedades, turmas e bandas e amigos da alma, eram importantes para Wesley, mas também o era a religião familiar. Wesley assegurou os seus povos que provariam o direito de Martinho Lutero se negligenciassem a formação espiritual na família. Lutero tinha observado que os reavivamentos da religião duravam 30 anos, ou seja, uma geração. Wesley e os seus pregadores trabalharam duro para terem a certeza de que a educação cristã e a prática da devoção eram uma parte normal de vida familiar.

Os pregadores viajantes e locais tinham a responsabilidade de ajudar os pais com a formação espiritual no lar. O próprio pregador devia ensinar tanto os pais como os filhos nos seus lares. Um pregador que buscava ser admitido para uma conferência era confrontado com: "Poderás diligentemente e seriamente instruir os filhos e a fazer visitas de casa a casa?"[1] Numa outra altura, Wesley desafiou os seus pregadores com esta pergunta: "Que proveito tem a pregação por si mesma, apesar de pregarmos como anjos? Devemos, sim, todos os pastores viajantes, instruí-los de casa em casa."[2]

Wesley armou os pregadores e pais com materiais publicados para a formação espiritual no lar. Ele escreveu um livro de 200 estudos bíblicos para crianças. Este livro foi usado nas escolas metodistas assim como nos lares. Wesley providenciou um livro de 58 lições sobre o viver cristão, com o título "Instructions for Children" [Instruções para crianças].

> **John Wesley persuadiu os pais a tornarem todas as noites de quinta-feira "a noite de crianças".**

Muitos outros livros foram reimpressos e usados com famílias e crianças. Charles Wesley também publicou pelo menos um livro de hinos para crianças.

Um livro que tinha que ser usado diariamente no lar era *Collection of Prayers for Families* [Colecção de orações para famílias]. Este documento, emitido várias vezes durante o ministério de Wesley, continha orações familiares para a manhã e noite de cada dia da semana. Wesley providenciou também um livro chamado *Prayers for Children* [Orações para as crianças].

Os pais tinham que tomar a formação espiritual dos seus filhos muito seriamente. Wesley ensinava-lhes que os seus filhos eram "espíritos imortais que Deus tem, por um tempo, confiado a vós." E isto Ele fez "para que as possais treinar em toda a santidade."[3]

Pregando do texto, "porém eu e a minha casa, serviremos ao Senhor" (Josué 24:15), Wesley disse aos pais que não deixassem de treinar os seus filhos não convertidos através de *aconselhamento, persuasão* e *correcção*. A correcção inclui a punição corporal, mas Wesley relembrou-os que isto devia ser somente usado como último recurso. "E mesmo nessa altura, deviam tomar o último cuidado para evitar o aparecimento de paixão.

Alimento Espiritual na Família

Qualquer que seja a coisa que se fizer deve ser feito com mansidão, certeza e também bondade."[4]

Wesley declarou que os que tentavam trilhar os seus filhos para o céu não deviam pensar nisto duma maneira estranha "se a religião abriu-se nas narinas dos que eram bem-educados. Eles naturalmente olharão para ela como uma coisa austera, melancólica."[5]

Ao aconselhamento, persuasão e correcção, os pais cristãos deviam adicionar a *instrução*. Esta instrução devia ser feita *cedo, frequentemente e pacientemente.*[6]

Os pais deviam ver se a criança teve ou passou tempo "todos os dias na leitura, meditação e oração."[7] As devoções familiares deviam ser sérias e solenes, feitas todos os dias duas vezes, se possível.

Além disto, a quinta-feira à noite devia ser separado para catequizar as crianças. Tinha sido a noite em que a Susanna tinha separado para dar directa atenção ao seu filho, John. John nunca se esqueceu daquelas preciosas sessões. Susana deu à luz 19 filhos, 11 dos quais sobreviveram a infância. Ela própria era a 25ª filha do seu pai. Tão ocupada como era, ensinava os seus filhos em grupos e um-a-um. Uma das cartas mais pungentes de Wesley à sua mãe, era um pedido para que ela orasse por ele todas as quintas-feiras à noite. John era um homem de meia-idade com demandas e deveres eclesiásticos das sociedades em toda a Inglaterra e Irlanda a pesarem-lhe. Ele pensou que podia fazê-lo se soubesse que, pelo menos, todas as quintas-feiras, Susanna estava a orar por ele como antigamente orava com ele enquanto criança. Não é surpreendente que ele tenha persuadido toda a família metodista a fazer de todas as noites de quinta-feira a "noite da criança."

Sábado à noite também era para ser especial. No Sábado todas as crianças deviam recitar e relatar o que tinham aprendido durante toda a semana.

ADORAÇÃO FAMILIAR

De particular interesse era o plano de discernimento de Wesley para a adoração da família. Para ajudar os pais que tinham pouca ou nenhuma experiência em tais coisas, fixou uma ordem precisa para a adoração da família. A família juntava-se, e uma pequena oração abria a sessão. Isto era seguido do cantar do Salmo. Depois vinha o estudo bíblico. Uma passagem era lida em voz alta pelos pais. Seguindo a leitura, um dos pais explicava a passagem. Depois, os filhos deviam explicar a passagem outra vez aos pais nas suas próprias palavras. Este método é educacionalmente ingénuo. Requer que os parentes estudem a passagem o suficiente para a explicarem de tal forma que a criança a entenda. Além disso, providencia oportunidade de conferir a compreensão que a criança tem da lição quando ela tenta reexplicar.

> Não importa o quão desagradável ou desobediente a criança foi nesse dia, a bênção dos pais nunca deve ser negada.

Depois do estudo bíblico vem a oração. Começava com uma oração escrita de *A Collection of Prayers for Families*. Isto devia ser seguido por uma oração improvisada, que inclui oração por cada membro da família. Depois vinha o cantar da doxologia e o pronunciamento das bem-aventuranças por um dos pais, normalmente o pai.

Isto era seguido por uma das mais importantes partes desta prática de formação espiritual. Cada filho tinha que pedir uma bênção. Em resposta, o pai ou a mãe, impunha as mãos no filho e abençoava-o em nome de Jesus. Wesley avisou os pais que não importava quão desagradável ou desobediente a criança tinha sido nesse dia, em nenhuma circunstância esta bênção devia ser negada."[8]

Imagine o que significaria para uma criança ser abençoada em nome de Jesus pelos seus pais todos os dias. Não faria mais pelo conflito de gerações que o conselho sagaz do Dr. Spock?

Talvez a parte mais "transferível" do sistema de Wesley para a formação espiritual na família é o seu plano para a adoração da família. Segui-lo é a versão contemporânea que deverá desejar tentar na sua própria família ou num pequeno grupo. Tenho usado este exercício com resultados graciosos em grupos pequenos e em palestras sobre formação espiritual.

UM CULTO WESLEYANO DA ADORAÇÃO FAMILIAR

Uma curta oração

Use uma oração improvisada ou estas palavras de oração da família de Wesley para o Domingo.

Poderoso e eterno Deus, desejamos louvar o Teu santo nome ...
Quão grande foi o Teu amor para com os pecadores filhos dos homens
... Compõe os nossos espíritos a uma quieta e fixa dependência na
Tua boa providência.[9]

Cantar um salmo

Use o hinário ou uma canção do Evangelho se cantar um salmo é desafio demais para a sua família. Se gosta de desafios, tente cantar este extracto do Salmo 103.

*Como um pai se compadece dos seus filhos,
Assim o Senhor se compadece daqueles que O temem
Pois Ele conhece a nossa estrutura
Ele lembra-Se de que somos pó;*

*Mas a misericórdia do Senhor
É de eternidade em eternidade
Sobre aqueles que O temem
E a Sua justiça sobre os filhos dos filhos
E aos que se lembram dos Seus mandamentos.*

—Salmo 103:13-14; 17-18.

Estudo Bíblico

1. Seleccione uma passagem para o estudo ou use o Salmo 103
2. Os pais lêem e explicam a passagem.
3. Cite o ensino básico da passagem. Use o seguinte conjunto de perguntas se quiser.

   O que é que esta passagem nos ensina sobre Deus?

   Sobre Cristo? Sobre a humanidade?

   Há aí um mandamento a cumprir?

   Há aí um pecado a ser evitado?

   Há aí uma verdade infinita a compreender?

   Há aí uma promessa a clamar-se?

   Há aí uma oração que podia considerar minha?

4. As crianças tornam a explicar a passagem aos pais. Lembre-se: As crianças lidam bem com ideias concretas. Ajude-as com exemplos da vida diária que explica os conceitos bíblicos.

Oração

Comecem por ler juntos uma das orações usadas por Wesley. Tenha a certeza de explicar as orações à família. A mera recitação das palavras não compreendidas não é muito útil.

1. *Poderoso Deus, para o qual todos os corações estão abertos, todos os desejos conhecidos e do qual nenhum segredo está escondido; purifique os pensamentos dos nossos corações pela inspiração do Teu Espírito Santo; para que possamos perfeitamente amar-Te e dignamente magnificar o Teu santo nome por Cristo nosso Senhor, Ámen.*

2. Ó Senhor, *aumenta a nossa fé com devoção; dá-nos humildade e propriedade, paciência na adversidade e alegria contínua no Espírito Santo.*

   Dá-nos modéstia, semblante e compostura no nosso comportamento, sabedoria no nosso discurso, santidade nas nossas acções. Que a Tua misericórdia nos purifique de todos os nossos pecados e confirme-nos em todo o bom testemunho.

3. Cantem juntamente a *doxologia*.

4. As *bem-aventuranças* (dadas pelo pai ou pela mãe).

Use a bem-aventurança da sua propria autoria, um versículo bíblico ou esta oração de bênção de John Wesley.

Perdoa, ó gracioso Jesus, o que temos sido,
Com toda a Tua santa disciplina corrige o que somos.
Ordena por Tua providência o que seremos.
E no fim coroa todos os Teus dons. Ámen. [12]

5. *Bênção*

Cada criança dirá, "Pai (mãe), abençoa-me em nome de Jesus."

A resposta parental (nunca deve ser recusada). "_____ (nome), *abençoo-te no nome de Jesus que te ama e deu a Sua vida por ti. Que o Seu perdão, graça e a paz seja tua (neste dia/nesta noite) e todos os dias da tua vida.*"[13]

Com tantos arranjos variados na sociedade de hoje, mesmo o termo *família* tem variado no seu significado. Milhões vivem com mesmo género de companheiros de casa. Em adição, temos um pai de famílias, famílias fragmentadas, famílias misturadas, famílias intergeracionais (pais ausentes com os avôs a educar os netos) e a família tradicional. Por isso, a família como arena para a formação espiritual tem variados significados. Porém, a maioria dos cristãos tem um relacionamento semelhante ao de família com alguém. Este agrupado natural não pode ser negligenciado como uma arena de formação espiritual.

A adoração familiar é algo importante mas frágil. É muito difícil programar. Parece difícil juntar toda a família para uma refeição. Muitos de nós, incluindo crianças, *especialmente as crianças* têm muitas actividades. Mesmo quando tentamos programar os nossos horários, os nossos massacrados horários, a nossa sonolência nas manhãs e o nosso cansaço à noite faz da adoração familiar a última disciplina implementada e a primeira a ser negligenciada.

Quando era ainda criança a crescer em Missouri, os meus pais conduziam a adoração nas seis noites da semana. Não tínhamos a adoração familiar aos Domingos. A mãezinha e o paizinho acreditaram que a Escola Dominical e duas adorações ou culto evangelístico era toda a religião que um miúdo podia ter num dia.

Mas em alguma altura, parámos de ter a devoção familiar. Depois de sair de casa fui para a faculdade e para o seminário e ao tornar-me num jovem pastor, perguntei o meu pai, porque é que parámos de ter a devoção familiar. Não estava preparado para receber a resposta dele. "Bem, filho foi assim. Quando estavas para completar 15 anos, tornaste-te tão cínico que eu e tua mãe ficamos sem coração para continuarmos a tentar fazer o trabalho de devoção familiar. A tua atitude simplesmente arruinou a adoração familiar para os mais novos."

Sim, com certeza, a adoração familiar é importante – e é uma coisa frágil. E estou orgulhoso porque o nosso Senhor é o Deus da graça que perdoa.

É plano de Deus usar os nossos companheiros como Seus assistentes em ajudar-nos a viver a vida santa. Ele opera através das nossas famílias, através dos mentores de fé, amigos espirituais, grupos face-a-face e congregações que nutrem. "O Senhor deu-nos uns aos outros para fortalecermos as mãos uns dos outros."

೪ Para Reflexão Pessoal e Acção ೪

1. Estudo Bíblico
A. Leia Efésios 5:21-6:4.
B. Um guia sobre como os membros da família necessitam uns dos outros. De acordo com esta passagem;
1). O que as *esposas* precisam dos *maridos* é ...

(a) obediência (b) amor (c) encorajamento

2. O que os *maridos* preciasm das *esposas* é ...

   (a) respeito (b) instruções (c) confortos sexuais

3. O que os *maridos* e *esposas* precisam oferecer uns aos outros é (Ver vr. 21) ...

   (a) bom tratamento, (b) submissão mútua (c) dinheiro

4. O que os *filhos* precisam dos *pais* é ...

   (a) disciplina, (b) instrução e (c) compreensão paciente

5. O que os *filhos* devem dar aos seus *pais* é ...

   (a) obediência, (b) honra e (c) impertinência

2. Adoração Familiar

Reveja "o culto wesleyano para a adoração familiar." Adapte-o para o uso com a sua própria família. Não fique desencorajado se parecer estranho no princípio. Continue a usar a estrutura durante várias vezes na adoração familiar.

PARTE IV

Encontrando Formas de Servir os Outros na Nossa Jornada

... Acção redentora no nosso mundo.

◇

Se alguém quer vir após mim, negue-se a si mesmo e tome cada dia a sua cruz, e siga-me (Lucas 9:23)

◇

Não reconhecemos que tenha um grão de fé o que não está continuamente a fazer bem, que não está disposto a gastar e ser gasto em fazer o bem para todos os homens, quando tem oportunidade.
—John Wesley

◇

Uma espiritualidade que não conduz a ministério activo torna-se preocupação indulgente com ego, e por isso aflige o Espírito Santo e viola o presença de Cristo
—Maxie Dunnam

◇

Mostra-me a tua fé sem as tuas obras, e eu te mostrarei a minha fé pelas minhas obras.
(Tiago 2:18)

Introdução à Parte IV

Exame Final

Agora nós baixamos o piolho arenoso –

Para o teste do pudim –

Para o exame final!

Esse teste pergunta-lhe, "A sua espiritualidade produz o serviço cristão de sacrifício próprio?" Se Cristo já foi formado em si, você, como Cristo, colocarás a sua vida em serviço a Deus e às pessoas pelas quais Ele morreu.

Pode admirar a Cristo, amá-Lo com sentimento afectuoso, desejar ver o Seu sorriso, Sua orientação e trilhar na Sua presença. Pode até apreciar momentos de meditação e gostar do estudo da Bíblia, pode gostar dos confortos da adoração pública, o encorajamento do grupo de apoio cristão – e ainda assim, fracassar no exame final, e ainda evitar de se render inteiramente ao serviço sacrificial.

A menos que o exercício das disciplinas espirituais aconteça em serviço de amor, tornam-se – no seu caso – exercícios rasos de discipulado mediano e esforços disfarçados de farisaísmo. E render-se inteiramente é o prelúdio do serviço santo.

Os membros de equipa de escritores deste livro estudaram a literatura sobre formação espiritual de todos os séculos cristãos, desde os tempos do Novo Testamento até o presente. Uma coisa descoberta em toda a geração cristã, é que o portão final pelo qual o peregrino tem que passar para entrar na vida mais profunda em Deus, é de render-se, negar-se ou doar-se, como era chamado na Idade Média.

Mary Reuters procura em 1.182 páginas a chave da vida espiritual. No fim, ela conclui que a chave para a vida santa é render-se. Sempre foi assim e sempre será assim. Mesmo os escritores mais liberais da espiritualidade chegam à mesma conclusão. Matthew Fox, famoso pela sua espiritualidade de êxtase, concorda. O seu livro, *Whee, We, Wee All The Way Home,* que possui um porco com uma flor na boca num balanço na cobertura, treina o leitor que qualquer coisa que se sente bem é espiritual, que nós ficamos mais íntimos de Deus nos momentos de êxtase. O libertino sente-se grande até que Fox alcança a linha do fundo e lhe diz que a verdadeira êxtase vem quando transcendemos o interesse próprio e servimos os outros, particularmente os que estão em necessidade.

Católico e protestante, conservador e liberal, calvinista ou arminiano – os santos de todas as gerações cristãs descobriram que a chave para a vida santa é a entrega.

Como um coral numa harmonia íntima, eles dizem-nos que entregar-se a si mesmo é o prelúdio para o serviço. E o serviço é o verdadeiro teste da espiritualidade. Se Cristo é formado no seu coração, as suas mãos realizarão os feitos de semelhança de Cristo.

Na Parte IV deste livro vai ler sobre como Cristo entregou a Sua vida. Vai encontrar princípios de serviço cristão como uma disciplina espiritual e irá encontrar-se com pessoas que nos mostram como é o serviço Cristão. Este é um campo perigoso. Pode custar-lhe os seus planos, seus sonhos – pode custar-lhe a vida. Jesus pode chamá-lo a seguir o Seu exemplo e dares a sua vida – de facto, pode contar com isso.

Os franceses são grandes ciclistas e a Torre da França é a maior de todas as pistas de bicicleta. Se assistir a equipe francesa verificará o *doméstico* (servo). Ele não ganhará a corrida. Não se pretende que ganhe. Apesar disso, milha após milha, ele vai pedalando. O trabalho dele é proteger o ciclista que vai ganhar a corrida. O *doméstico* protege-o do vento, cria um desenho no qual o ciclista "estrela" estará montado ao longo da corrida. O *doméstico* não adquire nenhum troféu, nenhuma medalha, nenhum crédito. O ciclista que ele capacitou ao longo da corrida é coroado – e isso é suficiente para o *doméstico*. O serviço santo é sobre se tornar doméstico para Cristo e para os nossos companheiros da viagem.

> Há muitos que seguem o nosso Senhor até meio caminho ... eles deixam as suas posses, amigos, honras, mas é demais renunciarem-se a si mesmos.
>
> —Meister Eckhart

17

Rendição Pessoal: Prelúdio para o Serviço

É um caminho longo desde o ancorar das notícias de televisão até à mudança de penicos. Isto, porém, foi o meu treino básico para o serviço santo. Começou em 1981. Eu tinha estado a cobrir a crise iraniana reféns das notícias de KNBC. Depois de observar a fé do pastor Earl e Hazel Lee, cujo filho era um dos 52 americanos levados reféns, pedi a Jesus que entrasse no meu coração. Um ano mais tarde saí da minha carreira do jornalismo por causa de uma convicção moral e comecei a partilhar o meu testemunho em todo o país. A resposta à história da minha conversão foi esmagadora. E ainda nessa altura, a glória de ser um cristão "famoso" não preenchia a minha alma. Algo estava seriamente a faltar. E foi precisa a honestidade de uma mulher evangelista reformada e uma longa caminhada ao Calvário para a poder encontrar!

Não tinha nenhuma dúvida de que Deus me tinha chamado para o ministério a tempo integral. O meu objectivo era voltar a casa e ministrar aos adultos seniores da Primeira Igreja do Nazareno de Pasadena. Sem demora, matriculei-me em cursos de seminário a fim de preparar-me para o trabalho. Depois, fui para o gabinete do pastor Lee, a fim de lhe revelar os meus planos detalhados.

Porém, ele não ficou convencido com a ideia. Para o meu assombro ele disse, "Não!"

"Porquê não?" Perguntei.
"Não estás pronto!" Respondeu ele.
"Bem, então, como é que me preparo?" Apelei.
Ele fez uma pausa e gentilmente disse, "ore."

Tomei a resposta do pastor Lee como uma ofensa pessoal e apressadamente parti num acesso de ira.

Dentro de poucos dias recebi uma chamada do Rev. Estelle Crutcher, um ancião reformado na igreja (e, incidentalmente, sogra do pastor Lee). Num tom afectuoso, "A Avó" disse Crutcher, "Querido, sinto que estás deprimido. Porque é que não vens e falamos disso?"

Faminto por um ouvido empático, apressei-me, não esperando uma confrontação espiritual.

"Prezado," começou a Avozinha, "O pastor Lee não é o real problema aqui. Nem o teu desejo de trabalhar o é. É o teu *ego, crucifique-o!* E deixe que o Espírito Santo te purifique e inteiramente te santifique!"

A avaliação daquela mulher idosa picou o meu coração. Parti estupefacto.

Poucos dias mais tarde, uma idosa que estava a morrer de cancro ligou para igreja a pedir que alguém a ajudasse a limpar a sua casa. O pastor Lee compartilhou o seu pedido. Levei o aspirador de pó da igreja e dispus-me a ajudá-la. Afinal de contas, pensei eu, não tenho nada melhor que fazer.

Dentro de poucas semanas, o trabalho de ajudar na limpeza envolveu cuidados de enfermagem, nos quais eu virava, dava banho, ajudava a comer e trocava de roupa à minha nova velha amiga. E à medida que a minha nova "chamada" se espalhou, já havia muitas outras casas a limpar, muitos inválidos por servir.

Uma manhã, enquanto me encontrava de joelhos limpando o chão da cozinha, aconteceu. O poderoso desafio da avó Crutcher sobre o caminhar para o Calvário e permitir que *todo* o meu ser fosse crucificado por Jesus começou a acontecer. Sentia que o Espírito Santo me acenava para cravar o meu zelo, a minha visão de trabalhar na igreja *e* o meu espírito critico para com o pastor Lee. Correram-me lágrimas quando derramava o meu coração para ser purificado. Todos os desejos para a posição pastoral foram consumidos pela paixão de conhecer e ser como Jesus. No fim, o meu apetite carnal para títulos e reconhecimentos estavam na cruz. O Espírito Santo encheu e libertou-me de ter que viver para mim e para as espectativas de um outro alguém.

Desde aquele momento em diante pude identificar-me com a proclamação de Paulo em Gálatas 2:20: "Já estou crucificado com Cristo; e vivo, não mais eu, mas Cristo vive em mim; e a vida que agora vivo, na carne, vivo-a na fé do Filho de Deus, o qual me amou, e se entregou a si mesmo por mim." Para Paulo, a morte com Cristo era a única maneira de ser livre

Rendição Pessoal: Prelúdio para o Serviço

da escravidão da lei. Toda a confiança nas obras para a sua salvação foi cortada. Esta morte, porém, era acompanhada por nova vida. Quando Paulo declara, "mas Cristo vive em mim," está a dizer que o ego carnal no controlo da sua vida foi substituído por Cristo.

> **Esteja alegre e ansioso por se lançar apressadamente nas suas queridas mãos.**
> —Hannah Whitall Smith

Neste ponto, pode estar a desejar saber por que estamos a focalizar o assunto de entregar-se a si mesmo e da santificação novamente. A razão é simples. **O santo trabalho começa e continua na cruz.** A morte para a vontade própria abre os portões dos nossos corações para recebermos a graça santificadora de Deus e dá esta graça em serviço dos outros. E esta graça purificadora, curadora encherá e fluirá através de nós quando continuamente nos identificarmos com a morte e ressurreição de Cristo.

Quando Paulo clamou, "Já fui crucificado com Cristo," não estava a referir-se a uma experiência de uma vez. O pretérito perfeito em grego enfatiza não somente um acto completo mas também um estado contínuo. Em outras palavras, Paulo está a dizer, "eu já fui e continuo a ser crucificado com Cristo." Por continuar na cruz, o serviço de Paulo para Deus foi libertado de buscar para si mesmo, de se servir a si mesmo e de autopromoção. Assim é connosco. Não podemos começar a servir a Cristo e servir como Ele até que submetamos tudo e morramos diariamente com Ele. O Calvário é de onde a vitória vem, é de onde nasce o serviço santificado e sustentado através do poder do Espírito Santo. O enchimento do Espírito não só refresca o nosso desejo de servir mas também purifica os nossos desejos de servir.

Ainda assim, mesmo o servo mais santo e activo, deve ter cuidado com as tentações. Assim como Jesus foi tentado a servir-se a Si mesmo e descer da cruz, assim seremos tentados a descer e começarmos a servir no nosso próprio poder para o nosso próprio proveito. Satanás tem um vasto arsenal de estratégias para nos galantear da vida crucificada e sabotar o nosso serviço.

A Chamada do Alto

BARREIRAS PARA A AUTO ENTREGA E SERVIÇO

1. Orgulho

Não podemos ajudar a edificar o reino de Deus enquanto levamos uma agenda escondida de nos edificarmos a nós mesmos. Pareceremos estar a produzir exteriormente mas o espírito dentro de nós estará a abalar com um desejo de sermos reconhecidos ou promovidos. Para combatermos o orgulho devemos confessar e reconhecer estas apetências. Devemos escolher também não somente servir a Cristo mas tornarmo-nos servos de'Ele. Richard Foster insiste que há uma vasta diferença entre as duas:

> Quando escolhemos servir, ainda estamos no comando. Decidimos a quem e quando servir. Se estamos no comando preocupar-nos-emos muito sobre alguém pisar-nos, isto é, dominar-nos.
>
> Mas quando escolhemos ser servos, renunciamos o direito de estar no comando. Há nisto uma grande liberdade. Se voluntariamente escolhermos ser servos, rendemos o direito de decidir a quem ou quando servimos. Tornamo-nos disponíveis e vulneráveis.[1]

Este render de direitos liga-se com a definição bíblica de serventia. A palavra grega mais popularmente usada para "servo" é *doulos* que significa "escravo." Esta é uma imagem subserviente que pode ser difícil de aceitar. Porém, Paulo não teve nenhuma luta com o conceito. Ele sempre referiu-se a Jesus como seu "senhor" ou *kurios,* que significa dono absoluto. Paulo insistiu que a sua salvação foi comprada pela morte de Jesus na cruz.

Como resultado, Paulo não pertencia mais a si mesmo. Ele foi "comprado por um preço" (1 Cor 7:23). Uma vez que todos os crentes foram comprados com o sangue de Cristo," podemos seguir as instruções de Paulo para vivermos "como escravos de Cristo fazendo a vontade de Deus (de nossos corações) " (Efésios 6:6). Quando nos consideramos possuídos por Deus a seu dispor sem reservas, lidamos com um sopro fatal ao orgulho. Outra armadilha que impede o serviço santo é:

2. Medo

Muitos crentes evitam servir porque têm medo de arriscar. Eles sentem-se mal preparados e sentam-se atrás esperando que os outros dêem passos em frente para ajudar. Cristãos de todas as idades e níveis de maturidade espiritual, porém, precisam saber que são talentosos por Deus e valorizados pela igreja. Cada dom, não importa o quão insignificante se pareça, deve ser desenvolvido e usado para a glória de Deus.

Rendição Pessoal: Prelúdio para o Serviço

Nunca é cedo demais para se estar activamente envolvido na missão de Cristo, como evidenciado pelos primeiros discípulos que foram enviados a servir antes do Pentecostes. Neill Hamilton descreve o seu (deles) treino no trabalho: "Enquanto aos discípulos foi concedido algum tempo para observar e escutar, foram também logo na missão como extensões do ministério de Jesus. Isto aconteceu muito tempo antes de terem experimentado o esclarecimento de transição para a vida no Espírito. Até mesmo numa fase imatura, eles puderam fazer exorcismos e curas."[2]

A inexperiência e timidez não foram desculpas para evitar actos de misericórdia. Wesley preveniu a recatada senhora March para "por de lado a dama; a senhora aguenta um carácter mais elevado. Vá e veja o pobre e doente nas suas próprias pobres choupanas. Leve a sua cruz mulher!"[3]

Outra armadilha que impede o nosso serviço é:

3. Perfeccionismo

Enquanto alguns crentes estão com medo de servir por causa dos riscos envolvidos, outros estão mais ansiosos por causa dos resultados. Puseram pressões irreais neles ou noutros para produzir resultados tangíveis que podem não ser a prioridade de Deus. Esta é uma das razões pelas quais Paulo relembrou os Gálatas de que "Deus não aceita a aparência do homem" (2:6). Ele não se importa com o produto do nosso serviço, mas sim como o *status* do nosso coração no processo de servir. Os nossos esforços de Lhe agradar devem ser emparelhados por um desejo contínuo de ser como Ele.

Susan afirma, "um espírito competitivo, uma língua inteligente, uma mente analítica pode colocar a pessoa no assim chamado círculo do vencedor, mas o serviço santo requer outras qualidades.

> Quando somos muito pressionados, também apressados, muito concentrados na nossa tarefa, muito ansiosos em manter as coisas sob controlo e fazer com que tudo funcione perfeitamente, nós perdemo-nos, perdemos a nossa paz, perdemos o nosso foco. Por contraste, é somente quando trabalhamos no centro daquele silêncio, integrados ao redor do Senhor, que podemos produzir bem e podemos responder completamente às pessoas que Ele quer que toquemos. Ajuda muito se podermos manter o nosso senso de humor, inclusivé a habilidade de rir de nós mesmos e de não levar as coisas muito seriamente.[4]

O maior cumprimento vem quando toda a tarefa é feita no diálogo com o Espírito Santo. Ele ensina-nos a não termos medo de falhar ou idolatrar o sucesso.

Ele também nos guarda da armadilha de enganarmo-nos com a auto-piedade.

4. Sentir pena de si próprio

Jesus avisou os seus discípulos, "No mundo tereis aflições" (João 16:33). A pergunta é, como é que respondemos às aflições? Levamos em conta o que Jesus sugere, ou permitimos que as nossas lutas roubem perpetuamente a nossa alegria e a motivação de servir? Às vezes podemos ficar tão absorvidos com a nossa dor que não há nenhum interesse em alcançar aos outros que estão a sofrer ao nosso lado.

A doença prolongada, a perda de uma pessoa querida, um casamento desfeito, desemprego, rejeição ou sonhos desfeitos abalam as nossas emoções e a nossa saúde. A inclinação natural é retirarmo-nos e lamentarmo-nos por nós mesmos. Até mesmo Jesus retirava-se sempre que precisava de renovação pessoal. Em tempos, porém, Jesus voltava sempre para o sonho principal. Ele tinha trabalho a fazer, um mundo por redimir e um tempo limitado para o tal. Como servos de Deus, temos também trabalho a fazer. O nosso ministério pode ser adiado por um tempo para honestamente lidarmos com a nossa perda, mas não está indefinidamente descartado.

Os melhores conselheiros para os enlutados são frequentemente os que estão na mesma viagem. Enquanto tentavamos organizar um grupo de apoio para apoiar os crentes na nossa igreja, percebi que as nossas viúvas e viúvos não precisavam de ajuda psicológica tanto quanto precisavam uns dos outros. A perca de sono, apetite, energia e mesmo o seu cabelo foi tudo um processo de luto.

Se verdadeiramente acreditamos "que todas as coisas cooperam para o bem daqueles que amam a Deus" (Romanos 8:28), as nossas batalhas mais duras podem ser benéficas. Sofrer não significa estar perdido. Pode amolecer nossos corações a realmente sentir as dores dos outros. Podemos não ter todas as respostas, mas podemos ainda vir e "consolar os que estiverem em alguma tribulação, com a consolação com que nós mesmos somos consolados de Deus" (2 Coríntios 1:4).

Às vezes servir é simplesmente dar um lenço de papel, como ilustrado na história de uma rapariga que regressou a casa vinda da casa do vizinho onde morrera o seu pequeno amigo. "Porque foste?" questionou o seu pai. "Fui para confortar a sua mãe" disse a criança. "O que podias fazer para confortá-la?" "Sentei-me no seu colo e chorei com ela."

Já notou que as crises e as necessidades das pessoas frequentemente não se ajustam aos nossos horários? É por isso que o Espírito Santo também nos deve ajudar na armadilha da inflexibilidade.

5. Inflexibilidade

É difícil aceitar interrupções como oportunidades providenciais de Deus. Muitas vezes vemos necessidades improvisadas como ameaças para

Rendição Pessoal: Prelúdio para o Serviço

a rotina. Nós, como Marta, podemos ser pegos no frenesi de cumprir os nossos desejos pessoais, que Deus não consegue chegar a nós para nos usar. Precisamos de nos mantermos abertos para as Suas surpresas.

Voila! Vemos pela primeira vez o Archie.

É um vizinho ancião com a misteriosa habilidade de cronometrar as viagens ao lixo no momento em que o meu carro entra na estrada. Quando entro no carro e fecho a porta, frequentemente oiço o estrondo da lata do lixo. Isso é sinal de que está eminente uma longa conversa. E eu sou apanhado. Depois de um dia exaustivo, não tenho nenhum humor para falar. Só quero entrar despercebidamente no meu apartamento e estar sozinho. Mas pergunto-me todo o tempo, "O que Jesus faria?" Sou compelido a parar e oferecer a minha total atenção a Archie.

A esposa do Archie tem esclerose múltipla. A sua vida revolve-se em redor cuidando dela. Por isso, ele tem poucos amigos e poucas oportunidades de sair e se divertir.

Numa tarde em particular o Archie chegou perto de mim com uma cara surpreendida. "Tenho estado a perguntar-me a mim mesmo, "porque separas tempo para falar comigo? Ninguém mais faz isso."

Fiz uma pausa e maravilhei-me pela incrível porta aberta para partilhar Jesus com o meu velho amigo. Disse a Archie, "Falo contigo porque me preocupo contigo e Jesus também se preocupa contigo."

Depois de uma longa conversa sobre o amor de Deus, Archie admitiu em lágrimas, "tenho estado a cuidar da minha mulher sozinho. Agora é a altura de eu convidar Deus para me ajudar."

Há pessoas como Archie ao nosso redor. E elas estão a observar. Vêem o que nós fazemos e o espírito com o qual fazemos as coisas. E, com o tempo, a maioria delas pode dizer se nossos motivos são puros.

Por isso devemos continuamente perguntar-nos não somente o que estou a fazer para Deus, mas **porquê e para quem estou eu a fazê-lo?** Precisamos de parar regularmente para orarmos com o salmista, "Sonda-me, ó Deus, e conhece o meu coração; prova-me, e conhece os meus pensamentos, e vê se há em mim algum caminho mau, e guie-me pelo caminho eterno" (Salmos 139:23,24). Então podemos escutar interiormente a resposta de Deus. Ele pode revelar-nos pensamentos e acções nos quais os nossos motivos não foram puros. O orgulho, o medo, o perfeccionismo ou qualquer outra armadilha que nos tem impedido de sermos servos que se entregam a si próprios, devem ser rendidos na cruz. Devemos confessar qualquer armadilha e colocarmo-nos à disposição de Deus. Ele e só Ele deve orientar o que fazemos. E Ele e somente Ele deve receber a glória.

A Chamada do Alto

> Se a fonte principal do teu serviço é o amor por Jesus, podes servir os homens apesar de te tratarem como um tapete de entrada.
> —Oswald Chamber

Um servo santo exibe uma devoção cativada a Deus. Observa a coragem e o sacrifício de missionários como Elizabeth Cole. Ela passou anos como enfermeira numa colónia africana de lepra. Uma vez, um visitante americano observou-a a limpar as feridas de um leproso e disse, "eu não faria isso nem por um milhão de dólares!"

A senhora Cole respondeu, "Nem eu – nem por um milhão de dólares, mas posso por Cristo."[5]

Se o nosso foco é honrar a Deus, todo o serviço visto ou não visto, pago ou não pago, torna-se uma oferta de amor a Deus. Como Paulo disse aos Coríntios "Porque para Deus, somos o bom cheiro de Cristo, nos que se salvam e nos que se perdem" (2 Coríntios 2:15). Quanto mais disponíveis e sujeitos formos, mais flagrante é o nosso testemunho "tanto para os salvos e como para os não salvos ao nosso redor."

DEUS É O NOSSO RECURSO PARA O SERVIÇO SANTO

Um servo santo depende constantemente de Deus. O próprio Jesus nunca serviu fora da orientação de Seu Pai. Em toda a sua missão redentora, Jesus referiu-se ao Pai como o seguinte:

Seu sustentador. "A minha comida é fazer a vontade daquele que me enviou, e realizar a sua obra" (João 4:34).

Seu exemplo, "O Filho, por si mesmo, não pode fazer coisa alguma, se o não vir o Pai" (João 5:19). "Porque não tenho falado de mim mesmo; mas o Pai, que me enviou, ele me deu mandamento sobre o que hei-de dizer e sobre o que hei-de fazer" (João 12:49).

Seu professor. "A minha doutrina não é minha, mas daquele que me enviou" (João 7:16)

Seu glorificador. "Se eu me glorifico a mim mesmo, a minha glória não é nada; quem me glorifica é meu Pai, o qual dizeis que é vosso Deus" (João 8:54).

Estivesse Jesus a pregar para as massas, a desfiar os fariseus, a curar os enfermos, ou a ressuscitar os mortos, Ele afirmava estar a fazer exactamente o que Pai Lhe tinha ordenado (João 14:31). Ele nunca "fez as Suas próprias coisas." E para que o nosso serviço tenha o valor redentor, Deus deve ser igualmente a nossa fonte.

Rendição Pessoal: Prelúdio para o Serviço

1. Deus é a Nossa Fonte de Orientação

Eu aprendi da forma mais dura que Deus concede apoio só ao que Ele nos manda fazer. Quando andamos para além da Sua chamada e dizermos sim a toda a sorte de oportunidades e serviços que vêm ao nosso caminho, expomo-nos à frustração, culpa e esgotamento. Servos excessivamente prolongados precisam entender o conselho do Samuel Rutherford: "Há apenas uma certa força espiritual em qualquer homem. Espalhar numa superfície larga, o fluxo é raso e desfalecido; estreita o canal e torna-se em força motriz."[6]

A orientação de Deus pode ajudar-nos a focalizar as nossas energias em coisas importantes. O discernimento é nosso para a pergunta. Da mesma forma é o tempo de Deus.

2. Deus é a Nossa Fonte de Tempo

Quando andamos na mesma cadência com o Espírito Santo, o tempo de Deus para o ministério será o nosso tempo. Algumas vezes o Espírito faz com que esperemos, oremos e nos preparemos antes de darmos qualquer passo para servirmos. Ele usa muitas vezes este tempo de espera para construir o nosso carácter e fé para futuros desafios. Por exemplo, Moisés não foi chamado a libertar os israelitas até que o príncipe hebreu passasse 40 anos no deserto de Mediã. Semelhantemente, o ministério de Paulo aos gentios foi adiado até que o fariseu convertido passasse pelo menos três anos no deserto arábico.

Se quer servir mas está a espera de oportunidade, não entre em pânico. Alguns dos mais devotados servos de Deus levaram tempo antes de começar o seu ministério. Siga o exemplo deles e use a sua estação de espera para reflectir e vitalizar a sua comunhão com Deus. Fique também preparado porque o Espírito Santo pode chamá-lo para um dever activo em qualquer momento.

Nunca me esquecerei da noite em que fui acordado pelo Espírito para escrever uma carta ao meu pai sobre as alegrias e eternos benefícios de convidar Jesus a ser o salvador pessoal de alguém. Eu até escrevi uma "oração de pecador" personalizada para o meu pai recitar ao tomar a decisão de receber a Cristo.

Pouco sabia eu que, dois dias depois de dar a carta ao meu pai, ele foi admitido no hospital com muitas dores no seu lado esquerdo. Aquelas dores eram sintomas de uma rápida propagação do cancro que levou a sua vida dentro de um mês!

Dois dias antes do seu falecimento, o pai releu a carta e deu o seu coração a Deus. A sua conversão foi-me confirmada quando me dirigia ao seu quarto. O meu pai estava a contemplar o tecto com os braços levantados.

Embora fraco, sussurrava alegremente, "Estou pronto para ir para casa agora, irás tu comigo?"

Em lágrimas respondi-lhe, "Sim, pai, tu vais primeiro com Jesus e eu me encontrarei contigo mais tarde."

Quando Deus quer que algo seja feito, busca servos que estão dispostos a andarem na Sua orientação, no Seu tempo e na Sua força.

3. Deus é a Nossa Fonte de Poder

Os discípulos tiveram os dons e três anos de treinamento com Jesus para pregarem, ensinarem, curarem e expulsarem demónios. No entanto, foi necessário o Pentecostes para lhes conferir poder para usarem os seus dons com amor e convicção que no final de tudo mudaram o mundo. Sendo cheios do Espírito Santo, eles receberam poder para ultrapassarem qualquer rivalidade entre eles e qualquer prejuízo para com os outros. Receberam também poder de resistirem às adversidades e continuarem a servir nas situações mais difíceis.

Foi o poder de Deus que capacitou Mary Brown a tornar a sua convalescente casa num campo missionário. Como a maioria dos adultos seniores, ela primeiro recusou-se a ir para o que chamou de "casa de neblina." Ela não queria deixar o seu apartamento, mas as artrites incapacitadoras não lhe deixaram outra escolha. Depois de muita oração ela entregou a sua independência e entrou na casa. Pelo poder do Espírito Santo, Mary começou a focalizar-se nas necessidades dos que estavam ao seu redor. Ela recitava salmos de amor aos residentes sem famílias. Cantava hinos de paz aos médicos que corriam para dentro e para fora em horários alucinantes. E ela escreveu notas de encorajamento para os ajudantes de enfermeiros que foram alimentados com gritos dos seniores e folhas sujas.

> **Longe esteja de mim gloriar-me a não ser na Cruz do nosso Senhor Jesus Cristo, pela qual o mundo está crucificado para mim, e eu para o mundo.**
> (Gálatas 6:14)

O poder de Deus descansou em Mary porque ela Lhe pediu para a ajudar a fazer o melhor do seu dilema. Quando genuinamente buscamos a ajuda de Deus, o nosso testemunho pode ser infundido com a força semelhante.

O júbilo é um dos privilégios da nossa herança.

Rendição Pessoal: Prelúdio para o Serviço

4. Deus é a Nossa Fonte de Alegria

Jesus veio para que a Sua alegria estivesse em nós e para que a nossa alegria estivesse completa (ver João 15:11). Serviço sem a alegria de Cristo muitas vezes torna-se uma maçada aos que o executam e para todos os que o recebem.

Observe a exuberância dos 72 discípulos quando, com sucesso, cumpriram a sua primeira excursão de serviço para o reino (Lucas 10:1-24). Lucas regista "voltaram com alegria" (v. 17). Mesmo Jesus partilhou a sua alegria e "Naquela mesma hora, se alegrou Jesus no Espírito Santo" (v. 21). Ele acautelou-os, porém, a não se regozijarem por causa do que tinham feito mas por causa do que Deus tinha feito por eles. Considerando tudo o que Deus fez, está a fazer e fará por nós, que o nosso serviço produza frutos da alegria de Cristo.

Hellen Keller sabiamente afirmou, "A verdadeira alegria não é atingida através da gratificação pessoal, mas através da fidelidade a um propósito digno."[7] Nosso é o propósito mais merecedor de tudo. Como cristãos somos chamados a ser a "luz do mundo" (Mateus 5:14). Jesus compele-nos a "Assim resplandeça a vossa luz diante dos homens para que veja, as vossas obras e glorifiquem a vosso Pai que está nos céus." (v 16).

Como participantes da santidade e alegria de Cristo, somos chamados a servir os outros num espírito que atrai as pessoas ao Pai. Que não esqueçamos que sempre que servimos, a honra de Deus está em jogo. E numa era quando a integridade da Sua Igreja é manchada por divisões, escândalos e processos, o nosso ministério e motivos devem estar acima da repreensão.

✎ Para Reflexão Pessoal e Acção ✎

1. O Meu Serviço Precisa ser Consertado?

Antes de sair para servir, pare e pergunte-se ...

A. Sou eu aquele servo que se rendeu como Deus quer que eu me renda? Disponível? Desejando agarrar qualquer tarefa para a glória de Deus?

B. Estou ainda no controlo, determinando quem, quando e onde sirvo? Ou estou humildemente dependente da orientação, tempo, poder e alegria de Deus para seguir?

C. Há aí quaisquer "Archies" na minha vida, descrentes que estão de perto a observar o meu testemunho? Se assim for, o meu serviço atrai-os para Deus? Como veremos no próximo capítulo, o que fazemos para os outros, deve ser acompanhado pelo amor de Cristo por eles.

2. Estudo Bíblico
   A. Leia Filipenses 1:12-26
   B. Note as formas nas quais Paulo praticou o serviço abnegado
   C. Memorize Gálatas 6:14

3. Hino de Compromisso

Torne o hino "Oh Mestre, deixa-me andar contigo", parte dos seus devocionais. Torne o primeiro verso, a sua oração.

> *Oh Mestre, deixa-me andar contigo*
> *Em humildes caminhos de serviço livre*
> *Conta-me o Teu segredo; ajuda-me a levar*
> *A tensão do trabalho, a preocupação.*
> —Washington Gladden

4. Uma Oração de Auto-rendição

> *Ó Senhor Jesus*
> *Dou-te o meu corpo*
> *Minha alma, minha substância*
> *Minha fama,*
> *Meus amigos,*
> *Minha liberdade*
> *E minha vida.*
> *Disponho-me a mim e a tudo o que é meu*
> *Como Te parecer melhor a Ti.*
>
> *Já não sou de mim, mas Teu*
> *Então reivindica-me como direito Teu*
> *Guarda-me sob Teu controlo*
> *E ama-me como Teu filho.*
>
> *Luta por mim quando for assaltado*
> *Cura-me quando estiver ferido*
> *E revive-me quando estiver destruído.*

Santidade não é uma posse privada concedida a almas seleccionadas mas uma chamada universal emitida para cada um de nós ... é amar a Deus com todo o nosso ser e radiar esse amor a toda a dimensão da vida e do mundo.

—Susan Muto

18

Senhor, Intensifique o Meu Amor pelos Outros

"Onde está o meu corta unhas?"

Os gritos agressivos da Dorothea soaram pelos corredores da casa de convalescência. Quando me aproximei do quarto dela uma enfermeira acautelou-me, "Entre a seu próprio risco! Ela está novamente a ressuscitar 'Caim'. Boa sorte!"

O aviso veio mesmo a tempo. Quando cheguei à porta levei com uma bagagem de palavras de maldição e um penico voador! Quando saí para o corredor, percebi que precisava mais do que sorte para reentrar no quarto da Dorothea. Eu precisava da graça de Deus - e muita!

Dorothea tinha 72 anos de idade, cega, acamada e zangada com Deus e com quase toda a gente. Em toda a sua idade adulta, ela aprendeu como manipular as pessoas e obter a atenção e doces que ela queria. Fui um dos muitos cristãos que regularmente a visitavam com um pacote de *Twinkies*, uma oração pela sua salvação, e conselhos contínuos sobre a sua atitude.

Neste dia, porém, não me apeteceu orar por ela, estava farto da amargura dela e tinha-o dito a Deus:

"Jesus, preciso de um intervalo. E se quiseres que eu visite a Dorothea, algumas mudanças têm de acontecer. Primeiro, muda a atitude torcida da mulher. Depois, muda o meu espírito de julgamento para a ver da forma que Tu a vês. Que eu possa lembrar que o que faço para um destes pequeninos o faço para Ti. Tu és digno do meu melhor, assim, para a Tua glória, quero oferecer o meu melhor a Dorothea."

Depois de orar e de várias profundas respirações tornei a entrar no quarto. Imediatamente reparei que a parte um da minha oração não tinha sido respondida. A Dorothea estava zangada como sempre. Ainda assim, à medida que rastejava debaixo da cama dela à procura das suas tesouras, algo abençoado aconteceu. Pareceu que a santa presença de Deus tinha transformado o quarto de uma zona de guerra num santuário calmo. Ambos sentimos isso, ou poderia dizer que O sentimos. Dentro de segundos parei de estar irritado e comecei a disfrutar da companhia da Dorothea. Ela, em retorno, parou de gritar e pela primeira vez, pediu perdão. Juntos rimos e começamos a cantar hinos antigos até ao cair da noite. E quando orei por ela e comecei a sair, a Dorothea sorriu e sussurrou, "Deus está aqui, não é?"

"Sim, querida," respondi.

"Estou tão alegre que *ambos* vieram hoje."

"Eu também." Acenei com a cabeça "Prometo que viremos outra vez."

Desde aquele dia em diante, cada visita à Dorothea tornava-se num encontro divino. A oração mudou a minha maneira de ver o serviço e as pessoas. Com certeza, sempre que contemplava os olhos nublados de Dorothea e abraçava o seu corpo delicado, sentia como se estivesse a ministrar ao próprio Jesus. Ela era "um destes pequeninos" colocados na minha vida para amar incondicionalmente. Independentemente dos seus temperamentos ou respostas aos meus cuidados, Dorothea era criada à imagem de Deus e merecia a minha atenção não dividida.

A Dorothea ensinou-me que Deus não só quer que sirvamos os outros, mas quer que verdadeiramente **amemos aos que servimos**. Esta foi uma das principais esperanças de Paulo aos Tessalonicenses. Ele ficou orgulhoso do trabalho deles. Mas sentiu-se também exaltado de que "e o amor de cada um de vós abunda, nuns para com os outros" (2 Tessalonicenses 1:3). Este é o desejo de Deus para nós. Se O permitirmos, **Ele intensificará o nosso amor para vermos Cristo nos outros e partilharmos Cristo com os outros**. Estes sofridos irmãos e irmãs merecem o mesmo cuidado e respeito que poderíamos oferecer ao nosso Salvador. O que fazemos por que eles, torna-se a nossa oferta de amor para Ele.

Senhor, Intensifique o Meu Amor pelos Outros

ORE PARA TER OS OLHOS DE CRISTO

Jesus nunca esteve tão preocupado com a Sua missão que ignorava as pessoas que sofriam. Marcos regista que Jesus pregava da aurora ao pôr-do-sol, e ainda assim não negava a oportunidade de curar um leproso pedinte (1:41). No meio dos empurrões da multidão, Jesus notou o desprezado cobrador dos impostos e chamou-o (2:14). Sentiu o puxão da mulher do fluxo de sangue e restaurou-a (5:34). Viu uma criança morta e ressuscitou-a (v 41), e viu a oferta da viúva e louvou-a (12:43).

> Separe propositadamente a sua necessidade de controlar e aconselhar, e dê aos outros espaço para compartilhar.

Muitas das pessoas que Jesus ajudou não eram amigas ou familiares. Eram estranhos de todo o tipo de diferença de origens, idades e aflições. Ainda assim, cada um captou a Sua atenção e preocupação.

Estranhos podem captar a nossa atenção mas raramente invocam preocupação suficiente que nos compila ao serviço. Uma das razões é que o mundo moderno – com tumultos, roubos e tiroteios - fica alerta a estranhos. Porque é que tentaríamos ajudar alguém que pode a qualquer momento virar-se, tirar uma pistola e assaltar-nos? A cobertura televisiva do crime ensinou-nos que é melhor trancarmos as nossas portas, escondermos as coisas valorosas e não nos envolvermos.

Apesar de ser sábio ser cuidadoso, a nossa cautela pode levar-nos à insensibilidade. Jesus não vai operar através de servos cujos olhos são cheios de indiferença.

"GRÁVIDA, SEM LAR, FAMINTO" - Estas eram as palavras impressas num sinal segurado por uma jovem no canto de um ocupado cruzamento em Pasadena, Califórnia. Apesar de ser hora de ponta, muitos motoristas reduziram a velocidade para lançarem um segundo e rápido olhar na jovem. Alguns deles eram cristãos que acreditavam que tinham sido guiados a orarem por ela. Mesmo assim, ninguém parou. Assim, ela esperava – e esperava. Após várias horas, alguém se dispôs a ajudar. Foi Will Anderson, que estava a andar de carro pela cidade para ir a uma conferência.

Após uma breve conversa, Will soube que a jovem tinha 26 anos de idade, estava grávida de oito meses, e sem comida, sem lar ou roupa adequada. Ele ligou à Primeira Igreja do Nazareno de Pasadena para obter ajuda. Desde aquele momento a jovem recebeu alojamento, roupas de maternidade, comida e amor de uma variedade de novos amigos cristãos. Ela também recebeu assistência para dar à luz um bebé saudável de sexo feminino oito dias mais tarde. Depois da sua filha ter sido adoptada por um casal cristão, a jovem voltou à Pasadena a fim de receber conselho por causa de droga. Não é provável que se venha a esquecer dos que se sacrificaram a ajuda-la na sua hora de desespero em necessidade. Entre eles estava um homem muito ocupado que parou e olhou para além de seu sinal, olhou para a sua alma.

Precisamos de compaixão semelhante a Cristo para darmos mais atenção aos estranhos em necessidade assim como àqueles com quem interagimos todos os dias. Podemos trabalhar durante anos ao lado de pessoas e nunca conhecê-las.

Toda a gente na sala de imprensa da KNBC pensava que conhecia o Andy. Ele era um jornalista bem respeitado, muito ligado ao desporto e aos carros clássicos . Infelizmente muitos não sabiam que Andy estava deprimido. Ele estava tão perturbado que, numa tarde de sexta-feira, deixou o trabalho e disparou sobre si mesmo. O seu suicídio trouxe um grande choque. As centenas que assistiram ao funeral de Andy não puderam esconder a sua aflição. O apresentador Jess Marlow mexeu com todos quando perguntou em pranto, "O que se passa connosco? Somos cegos? O Andy entrava dia após dia e nunca nos esforçamos para notar que ele estava a sofrer. Estamos tão ocupados à procura de novidades que nos esquecemos de como olhar uns para os outros."

A única forma de nos tornarmos servos eficazes é olharmos de perto para as pessoas que nos rodeiam. Que Jesus nos dê olhos para vermos um amado que precisa de um pequeno encorajamento extra. Ou que possamos notar um visitante tímido que passou despercebido na igreja que precisava um abraço ou um convite para um almoço.

ORE PARA TER OS OUVIDOS DE CRISTO

"Assim como o amor a Deus começa no ouvir a Sua Palavra, também o princípio do amor pelos irmãos se aprende quando os ouvimos."[1] Quando tive uma conversa com alguém angustiado tentei lembrar o exemplo da Madre Teresa, que durante anos vagou pelas ruas de Calcutá oferecendo cuidados e dignidade aos moribundos. Cada santo em sofrimento recebia a sua completa atenção. "Cada pessoa é Cristo para mim, e uma vez que existe somente um Jesus, aquela pessoa é a única no mundo para mim naquele momento."[2]

Para os bons ouvintes significa que criamos espaço dentro dos nossos corações para recebermos alegria e cuidados dos outros. Pomos, propositadamente, de lado a nossa necessidade de falar, de controlar e de aconselhar e oferecemos aos outros espaço para partilharem. Em vez de assumirmos que as pessoas podem aprender de nós, coloquemos a nossa mente para aprendermos delas. Quanto mais ouvirmos, tanto mais entenderemos e saberemos como responder.

Servir deve envolver ter tempo de escutar os outros para compreender quem realmente são e o que os guiou para a sua presente situação. Esta é a autêntica receptividade descrita pelo pastor Lee quando me apresentou a Cristo. Eu era o repórter atribuído para lhe fazer perguntas sobre o seu filho em cativeiro no Irão. Depois de todas as entrevistas, ele passou tempo, afectuosamente perguntando sobre a minha vida, minha profissão e eventualmente a minha fé (ou falta de). Qualquer pressão ou pregação teriam destruído o momento. Em vez disso, senti a sua aceitação incondicional e preocupação genuína pelo meu bem-estar.

Henri Nouwen descreve este bom ouvinte como um "bom hóspede hospitaleiro." Ele afirma, "A receptividade realmente honesta significa convidar um estranho para o nosso mundo nos seus termos e não nos nossos. Quando dizemos, 'Podes ser meu hóspede se creres no que creio, pensar como eu penso, e comportar-se como eu,' oferecemos amor sob uma condição ou por um preço. Isto conduz facilmente à exploração, fazendo da hospitalidade um negócio."[3]

A escuta hospitaleira não acontece automaticamente. Ela vem de um esforço consciente para relaxarmos, pormos de parte as nossas agendas, olhar nos olhos dos outros e prestarmos máxima atenção ao que eles têm a dizer. Antes de entrar na enfermaria de um hospital a ministrar os pacientes, aprendi o valor de reduzir o passo, orar e preparar o meu coração para levar os seus temores, dores e esperanças. E quando escuto, Deus alarga a minha capacidade de cuidar.

Ore para ter o coração de Cristo

A mesma misericórdia que moveu Jesus a alimentar 5.000 seguidores famintos, alegremente abraçar crianças risonhas e agonizar sobre Jerusalém como uma galinha protectora "juntando os seus pintainhos debaixo das suas asas" está disponível aos servos de Deus. Quanto mais perto estivermos de Jesus, tanto mais os nossos corações sentirão o que os outros sentem e se aborrecerão com o que os outros se aborrecem.

Matthew Fox afirma que esta semelhança com Cristo "não é saber *sobre* o sofrimento e dor dos outros. É, de algum modo, conhecer essa dor, entrar nela, partilhá-la e prová-la na medida do possível."[4]

A Chamada do Alto

Servir com o coração de Cristo faz de nós empáticos genuínos com os nossos amigos em sofrimento. Devemos ser mais do que simpatizantes que observam a dor de longe com uma atitude de condescendência. Se há algo que as pessoas que sofrem não precisam, são os clichés simpatizantes como, "Sei como te sentes" ou "Levanta o queixo rapaz." Em vez disso, precisam de servos que se aproximam a revivem a mesma dor até certo ponto.

Matthew Taylor de cinco anos de idade e Jay Roth de 45 anos de idade, são "irmãos de sangue." Eles não estão ligados por laços familiares tradicionais, mas por uma doença terrível e um sacrifício de entrega da vida.

Tudo começou durante uma festa de fantasia na Creche quando de repente Matthew colapsou para o chão da sala de aula. O seu professor ficou alarmado, não tanto pela queda, mas pela sua prolongada lamentação após a queda.

> Oh pai das misericórdias, faça com que eu possa olhar os defeitos do meu próximo como se eles fossem meus, que eu me possa esconder e ser afligido por eles; e que, fazendo o teu amor por nós, Ó bandito Jesus, o perdão do meu amor por eles, eu possa acima de tudo, esforçar-me na promoção do seu bem-estar eterno.
> —John Wesley

Uma série de testes mais tarde revelaram que Matthew sofria de leucemia aguda. A sua única esperança de sobreviver era um transplante de medula óssea, demasiado extenuante para um menino com corpo debilitado. Matthew precisava de mais plaquetas de sangue para lhe dar forças para o transplante. Infelizmente, nenhum dos seus familiares era adequado para lhe doar o sangue.

Foi assim que o Jay entrou na história. A professora de Matthew era esposa de um pastor nazareno que partilhava a situação difícil e desesperadora do rapazinho com a sua igreja em Newhall, Calif., num Domingo de manhã. Enquanto a congregação orava, Jay recebeu uma destinta impressão de Deus para dar um passo em frente e ajudar.

Naquele mesmo instante, todas as preocupações anteriores de perder o seu prestigioso trabalho no banco e de levar a sua família por todo o país, desapareceu. E mesmo se o procedimento de extracção da plaqueta

Senhor, Intensifique o Meu Amor pelos Outros

requeresse extra tempo e horas tediosas deitada numa cadeira de hospital, o sacrifício parecia pouco comparado com a necessidade. Tudo o que importava era que um rapaz de cinco anos de idade estava a morrer e que a rica plaqueta do sangue de Jay podia possivelmente salvá-lo.

Duas vezes por semana durante vários meses, Jay fazia uma longa viagem a UCLA Medical Center para oferecer as suas plaquetas a um rapaz doente que nunca tinha conhecido. Quando Jay e Matthew foram apresentados, a força do rapaz tornou-se maior para o transplante de medula óssea.

Hoje, o cancro de Matthew está em remissão e ele já está na primeira classe. A sua família, maravilhada pela generosidade e testemunho cristão, tem visitado várias vezes a Igreja do Nazareno de Jay. E quando algum agradecimento ou honra vem a Jay, ele rapidamente o eleva a Jesus que ofereceu o Seu próprio corpo e sangue para redimir o mundo inteiro.

Jess Moody expressou isso muito bem: "Qualquer pessoa pode limpar a sua consciência ao tricotar ocasionalmente para uma família hispânica. Já alguma vez fez uma viagem real dentro do coração quebrantado de um amigo? Sentir o soluço da alma – a agonia emocional em cru? Para ter isto, torna-se o seu coração quase tão esmiuçado como o do seu próximo? Então, senta-se com ele – e silenciosamente chora? Este é o começo de compaixão."[5]

Um coração semelhante a Cristo quebra o pecado mas abraça o pecador. O santo servo precisa ser canal do amor perdoador de Deus. Para isso, devemos reconhecer que também pecamos e carecemos da glória de Deus. O nosso zelo pela sua cura deve ser acompanhado por um cuidado não julgador.

O meu próprio julgamento apareceu numa noite durante uma entrevista de televisão com um pastor cuja igreja evangélica votou em abrir a sua lista de membros para homossexuais. Usando várias escrituras, eu valiosamente "fritei" o pastor pelas suas visões liberais sobre o estilo de vida dos homossexuais. Senti-me convencido até ao fim do programa. Jenny, uma trabalhador do estúdio e uma querida amiga, veio até mim e sussurrou, "Acho que não sou bem-vinda na sua igreja."

Fiquei chocado com a admissão de Jenny. E fiquei envergonhado pelo meu espírito de autojustiça que effectivamente fechou a porta para qualquer comunicação significativa com a minha condoída amiga. Jesus chama-nos para amarmos os outros. Temos que lhes oferecer Cristo, mesmo que não possamos aprovar os seus valores ou acções. E se formos guiados pelo Espírito para confrontá-los sobre o seu comportamento, que as nossas palavras sejam temperadas com amor. Que possamos seguir o exemplo do nosso Senhor, cuja compaixão não conheceu limites.

A Chamada do Alto

ORE PARA TER AS MÃOS DE CRISTO

Jesus compreendia o valor de mostrar afeição. Muitas das Suas curas foram feitas com um toque gentil. Feridas de lepra, olhos cegos, ouvidos surdos e línguas mudas foram curados pelas Suas santas mãos. O Seu toque dava esperança aos estranhos e paz aos Seus discípulos. Depois de terem caído de medo no Monte de Transfiguração, Pedro, Tiago e João foram ajudados por Jesus. Ele "veio e tocou-lhes" e ofereceu-lhes palavras de conforto (Mateus 17:7).

> Vós ... estais instruídos por Deus que vos ameis uns aos outros; porque também já assim o fazeis com todos os irmãos ... Exortamos-vos porém, a que ainda nisto abundeis cada vez mais
> (1 Ts 4:9-11)

Quando servirmos, as nossas mãos devem ser tenras ferramentas do amor de Deus. Um genuíno aperto de mão ou um doce abraço podem comunicar sentimentos de semelhança com Cristo tais como, afirmação, cuidado e confiança. Jack e Judy Balswich insistem que ninguém supera a necessidade de ser tomado, abraçado ou acariciado.

As pessoas precisam receber expressões evidentes de amor desde o dia em que nascem até ao dia da sua morte. Estudos sobre a privação infantil sugerem que os bebés que não recebem expressões de amor serão incapazes de receber ou expressar amor em todos os dias das suas vidas.[6]

Pesquisas mostram que as raparigas que tiveram a falta de afeição do pai na sua infância são aptas a buscar o amor que lhes faltou através de promiscuidade sexual.[7] E muitos rapazes que experimentaram a indiferença dos seus pais no seu crescimento estão condicionados a mais tarde reterem a afeição para com as suas esposas e filhos.[8]

O amor cresce numa casa ou igreja onde as pessoas não têm medo de tocar. Porém, precisamos sempre da orientação do Espírito Santo para determinarmos quando é que os sinais de afecto são apropriados. Com a sensibilidade certa, as nossas mãos podem carregar volumes de graça perdoadora e curadora.

Muitos residentes em lares convalescentes estão a sofrer fome de afeição física. Em alguns lares, os idosos são empurrados para dentro e para fora da cama, alimentados à força e amarrados nas cadeiras de rodas que estão

Senhor, Intensifique o Meu Amor pelos Outros

nos corredores. Desejam o toque de um visitante afectuoso. E embora não vejam ou ouçam bem, podem sentir o toque suave de um amigo. O mesmo acontece com um paciente seriamente doente no hospital. Muitas vezes o melhor alívio para o medo e dor é a nossa mão calmamente apertando a sua.

ORE PARA TER A VOZ DE CRISTO

Para servir aos outros com amor de Jesus, precisamos seguir o Seu exemplo ao escolher e usar sabiamente as nossas palavras. Jesus foi um comunicador inigualável. Ele seleccionava as Suas palavras para cada ocasião e cada audiência. Algumas vezes falava como um profeta que prevê a destruição dos que não obedecem a Deus. Noutros momentos falava como um conselheiro que tira os pensamentos mais íntimos dos seus seguidores. Vemolo como um professor mistificando as multidões com as Suas parábolas ou como um amigo conversando numa mesa de jantar. Ele era um orador inteligente que podia nivelar os Seus atacantes com precisão devastadora ou um médico atencioso que podia levantar o doente com autoridade divina.

As Suas palavras "empacotavam um soco" porque Jesus sabia quem Ele era e o que era chamado a fazer. Ele era o Filho de Deus, enviado pelo Pai (João 4:34), amado do Pai (10:17) e chamado para agradar o Pai (5:30).

Quando consideramos que somos co-herdeiros com Cristo, chamados, amados, e comissionados por Ele, as nossas palavras também podem ter um impacto poderoso. O nome de Jesus e a unção do Espírito Santo aguça as nossas palavras para penetrarem o mais duro dos corações e suaviza as nossas palavras para elevar o mais baixo dos corações.

Provérbios aclara isto, "A morte e a vida estão no poder da língua" (Provérbios 18:21). A velha rima da infância "Paus e pedras podem partir os meus ossos, mas as palavras nunca me ferirão", simplesmente não dizem a verdade. As palavras podem ferir, e, como ensina o provérbio, elas podem ser letais.

Devemos considerar o aviso de Paulo aos Tessalonicenses "Pelo que, exortai-vos uns aos outros, e edificai-vos uns aos outros, como também o fazeis" (1 Tessalonicenses 5:11). Tudo o que dissermos deve edificar os outros em vez de os deitar abaixo. As nossas conversas devem promover harmonia em vez de divisão. Quando servirmos, devemos "segui sempre o bem, tanto uns com os outros tanto para com todos" (v 15).

Que o nosso serviço de amor se assemelhe ao dos primeiros cristãos, que fizeram com que os oficiais romanos se sentassem e tomassem notas. A próxima vez que sairmos a servir, devemos seguir esta observação de Aristides ao imperador Romano Hadrian: "Eles (cristãos) amam-se uns aos outros. Nunca falham em ajudar as viúvas, salvam os órfãos dos que os poderia ferir. Quando têm alguma coisa, dão gratuitamente aos homens que nada têm; quando vêem um estrangeiro hospedam-no nas suas casas e ficam felizes como se fosse um irmão real. Não se consideram irmãos no sentido normal, mas irmãos pelo Espírito de Deus."[9]

৯ Para Reflexão Pessoal e Acção ৎ

1. Pense como voce responde a pessoas como:

A. Dorothea que estava inválida, adoentada e desesperadamente a precisar de amor.

B. A jovem sem lar e grávida que estava num cruzamento movimentado à procura de ajuda.

C. Andy, o colega de trabalho que parecia competente exteriormente, mas interiormente estava a contemplar um suicídio.

D. Jenny, a lésbica que quis saber se seria rejeitada ou recebida pela minha igreja.

E. Pense nas pessoas que Deus colocou na sua vida. Pense nas vezes em que se apercebeu ou não delas. Depois peça a Deus que aumente a sua capacidade de ver, ouvir, sentir, tocar e falar do Seu amor a elas.

2. Estudo Bíblico

A. Releia 1 Tessalonicenses 1-3. Estes capítulos estiveram na essência dos estudos anteriores deste livro. Mas será proveitosa uma breve revisão.

B. Estude Efésios 4:1-16. Registe no seu diário notas sobre o espírito, tom, e estrutura do serviço cristão.

C. Faça uma *lectio divina* com o texto Efésios 4:15, que é um exercício de *leitura espiritual*. Deixe que o ponto focal seja "falar a verdade em amor."

2. Exercício de Diário

A. Depois de ter lido este capítulo e estudado 1 Tessalonicenses 1-3 e Efésios 4:1-16, escreva no seu diário as suas respostas a estas citações de Dietrich Bonhoeffer: "Jesus está à procura de ajuda, porque não pode fazer o trabalho sozinho. Quem virá à frente para O ajudar?"

B. Cante e medite nestes hinos "Take my life and Let It Be Consacrated" [Tome a minha vida e deixá-lo ser](Hino 433 *em Sing to the Lord*) e "When Cross the Crowded Ways of Life." [Quando atravessar as formas de vida lotadas] (Hino 537 em *Sing to the Lord*). Anote no seu diário ideias ou bênçãos que estes hinos trazem..

A igreja é um centro de treinamento ou área organizanda para lançar os membros à missões, uma unidade Médica Móvel para os devolver ao serviço quando estão feridos na linha de trabalho, uma área de descanso na qual podem recuperar a respiração do Espírito quando começa a fadiga na missão.

—Neill Hamilton

19

Encontrando os Meus Lugares de Serviço

Amigos preocupados disseram ao trabalhador da Los Angels Mission, Rich Verbal que não podia ser feito – não devia ser feito. Levar um grupo de sem abrigos da fila de derrapagem duma viagem de acampamento para as montanhas estaria além da chamada de dever, e era até perigoso. Como se dariam uns com os outros?

Rich não tinha a certeza. Tudo o que sabia era que a ideia tinha nascido numa oração e que se Deus quisesse que ele seguisse, providenciaria-lhe graça e apoio. Como Rich o viu, os benefícios de tal viagem excediam de longe o valor das barreiras. Acampar debaixo das estrelas mostraria aos antigos membros da "gangue" que havia mais no céu do que fumo, mais no chão da terra do que o concreto e mais no reino animal do que ratos e pombos. Com fé, ele pediu emprestado tendas, varas de pesca, levou uma carrinha cheia de jovens de seis diferentes culturas numa aventura de quatro dias.

Os resultados foram fenomenais. As diferenças culturais desapareceram quando os homens pescavam, corriam de bicicletas, cantavam e testificavam em redor do fogo do campo. Ray, um ex-condenado, que foi forçado a crescer rapidamente nas ruas, resumiu a apreciação do grupo: "Pela primeira vez, pude soltar a criança 'engarrafada' dentro de mim."

Essa libertação veio como resultado da obediência aos seus líderes. Ray não era psicólogo ou um ancião ordenado, apenas um servo com um profundo amor por Deus e uma genuína preocupação pelos seus irmãos sem abrigo.

Como vimos nos dois últimos capítulos, o serviço santo envolve este tipo de estilo de vida rendido. Quando os nossos motivos são puros e os nossos corações estão cheios de amor cristão, podemos impactar as nossas casas, igrejas, vizinhanças, locais de trabalho e o mundo. Neste capítulo examinaremos oportunidades de serviço que nos esperam quando oferecemos tudo o que temos e o fazemos para a glória de Deus.

> **Vamos seguir em frente, com os mandamentos de Cristo, que nos apressemos. Ofereçamos a Cristo o nosso coração e mãos, trabalhemos para Cristo hoje**
> —Charles Wesley

A Bíblia deixa bem claro que o serviço não é um meio de salvação mas sim produto natural dos nossos santos corações. E quando crescemos em Cristo há um "ritmo ou fluir natural da inspiração para a encarnação, de oração à participação, da contemplação à acção."[1]

William Barclay afirma, "É um facto que sempre que um homem sente o nobre impulso sem tomar uma acção, torna-se menos provável que ele alguma vez aja. Num sentido, é verdade dizer que um homem não tem o direito de sentir a simpatia a não ser que pelo menos tente pô-la em acção."[2]

Para nos ajudar a cumprir o santo serviço, Deus equipou-nos com um ou mais dons espirituais. Estas são as únicas habilidades que o Espírito Santo nos oferece após a nossa conversão que nos capacitam a edificar e encorajar os outros. A grande maioria dos dons é mencionada em Romanos 12:6-8, 1 Coríntios 12:4-11 e Efésios 4:11. Todos os crentes têm pelo menos um destes dons e será responsável por usá-los.

Se tem alguma dúvida, olhe novamente para a parábola de Jesus sobre os talentos. Ele descreveu três mordomos que receberam três quantias diferentes de capitais. As suas responsabilidades eram de usarem os seus recursos a fim de fazerem mais dinheiro. Dois deles tiveram sucesso e conseguiram o dobro do seu dinheiro. Quando o dia da contagem chegou

Encontrar os Meus Lugares de Serviço

foram chamados de "bons e fiéis servos". O outro mordomo não soube reconhecer o potencial do recurso que tinha. Ele nada fez com o seu capital e foi julgado como "mau e negligente servo" (Mateus 25:26, veja versículos 14-30).

Desta história aprendemos que sejam quais forem os recursos que tivermos recebido de Deus, eles não podem ser escondidos, mas devem ser usados para cumprirmos os propósitos do Mestre. Muitos cristãos estão a cumprir os propósitos de Deus sem serem capazes de descrever os seus dons específicos. Porém, há base bíblica para conhecer e desenvolver estes dons. Paulo insiste, "Acerca dos dons espirituais, não quero, irmãos, que sejais ignorantes" (1 Coríntios 12:1). Uma das razões pelas quais não deveríamos ser ignorantes é que o entendimento e o uso dos dons ajudarão a igreja a funcionar. Quando "Do qual todo o corpo, bem ajustado, e auxílio de todas as juntas, segundo a justa operação de cada parte, faz o aumento do corpo, para a sua edificação em amor" (Efésios 4:16).

O corpo da igreja crescerá, porém, somente quando cada parte (cristão) confiar no Espírito Santo para capacitação e orientação. Não podemos 'navegar' casualmente pelos dons como se navegássemos numa lista de compras e escolhermos o que nos soa bem. Nem temos a liberdade de não escolhermos nenhum mas optarmos por ficar de fora do serviço cristão. Sem a entrega de nós mesmos, todas as outras actividades de formação espiritual tratadas neste livro são reduzidas a uma mera sombra.

SERVIÇO COMO UMA DISCIPLINA ESPIRITUAL NO LAR

O primeiro lugar onde devemos exercitar os nossos dons de serviço é no nosso lar com os que são mais próximos de nós. Richard Foster afirma, "O dito da família deveria ser, que cada um de nós não olhe somente para os próprios interesses, mas também para o interesse dos outros" (Filipenses 2:4). "Livre e graciosamente, cada membro da família deve permitir uns aos outros."[3]

Antes de saírem a cumprir a sua chamada como santos servos no mundo, maridos e esposas deviam primeiro expressar o amor de Deus uns para com os outros. Eles precisam de:

Servir uns aos outros a permissão de discutir mal-entendidos, revelar sentimentos de angústia, frustrações e fazer perguntas difíceis.

Servir uns aos outros a liberdade de fazer e recuperar dos erros.

Servir uns aos outros o entendimento não somente de tolerar mas também de celebrar as diferenças nos seus carácteres e personalidades. Quando deixamos de fazer julgamentos morais e aprendemos mais sobre os nossos temperamentos separados, abrimos portas para um compromisso realizável.

Servir uns aos outros o encorajamento para sermos tudo o que Deus quer que sejamos e fazermos tudo o que Ele nos chamou a fazer. Os homens devem ser encorajados a quebrar o machismo, moldes independentes criados pela sociedade e colocar as suas vidas sob o controlo de Deus. Ao mesmo tempo, as mulheres precisam encorajamento para desenvolverem a segurança interior que vem por agradar a Deus. A abertura do marido pode ajudar a esposa a ultrapassar as pressões culturais seja para ficar em casa ou aventurar-se no mercado. Os casais devem também.

Sirvam um ao outro. Relacionamentos sólidos requerem intervalos regulares criados nos nossos horários ocupados para os "encontros" em que podemos gozar da companhia uns dos outros. Finalmente, é necessário que os maridos e esposas.

Serviam uns dos outros o amor autêntico. Primeiro, o amor precisa ser oferecido verbalmente. É importante dizermos uns aos outros regularmente, "amo-te." Precisamos de acompanhar as nossas palavras com acções de afecto. Tudo o que é dito e feito em amor vai edificar a auto-estima do companheiro e terá um impacto poderoso em toda a família.

Criar filhos num lar saudável e seguro requer anos de serviço sacrificial. Henri Nouwen relembra-nos:

> Os filhos não são propriedades para possuir e reger, mas sim presentes para com eles nos preocuparmos. Os nossos filhos são os nossos convidados mais importantes que entram nas nossas casas, pedem a nossa atenção cuidadosa, ficam por momentos e depois partem a fim de seguir o seu próprio caminho ... O que os pais podem oferecer é uma casa, um lugar receptivo mas também limites seguros nos quais os filhos podem descobrir o que é útil e o que é prejudicial. Aí, os seus filhos podem fazer perguntas sem medo e podem experimentar a vida sem o risco de rejeição.[4]

Os pais precisam de servir os seus filhos com orações fervorosas para os protegerem, sabedoria para os orientar, boa disciplina para os treinar e oportunidades para lhes instar responsabilidade. Tarefas atribuídas permitem que os filhos saibam que são membros contribuintes da família.

> **Deveria haver menos conversa; um ponto de pregação não é um ponto de encontro. O que você faz então? Pega numa vassoura e limpa a casa de alguém. Isso diz o bastante.**

> Encontrar os Meus Lugares de Serviço
> —Mãe Teresa de Calcutá

A principal preocupação em criar filhos devia ser de apresentar-lhes um relacionamento dinâmico com Jesus. Neill Hamilton refere que muitas vezes este não é o caso, "Receio que a maioria dos pais paroquiais estejam satisfeitos com a sua paternidade se os filhos procurarem suavemente adquirir a forma e educação necessárias para a mobilidade ascendente. Os pais acham mais por bem equipar os seus filhos para crescerem empreendedores do que equipa-los para crescerem como cristãos."[5]

Muito do que as crianças sentem sobre Deus e a Igreja é desenvolvido através da observação dos pais. O meu companheiro de quarto, por exemplo, cresceu num lar onde as pessoas em sofrimento e solitárias eram bem-vindas e moravam enquanto precisassem. Ao longo dos seus anos do ensino superior, Dana via os seus pais a oferecerem hospitalidade a adolescentes e jovens que almejavam amor e estabilidade. Este inestimável serviço influenciou a caminhada cristã da Dana. Ao seguir o exemplo dos seus pais, muitas vezes ela transforma o nosso apartamento num hospício para novos crentes que precisam de amor e nutrição.

Como solteiros, nós também somos chamados a amar e servir aos que Deus colocou nas nossas vidas, especialmente amigos e companheiros de casa. Expressões simples de cuidado uns para com os outros, tais como orar uns pelos outros, escutar as experiências uns dos outros, cumprir as tarefas de casa, pagar as contas atempadamente e respeitar as posses e a privacidade uns dos outros cria uma atmosfera de hospitalidade.

Os descrentes podem servir uns aos outros com a mesma consideração mas é preciso uma vida de santidade para **querer constantemente** servir aos outros. A nossa rendição junta com a graça de Deus pode transformar um lar num porto de segurança onde todos são afirmados e encorajados a crescerem em Cristo.

SERVIÇO COMO UMA DISCIPLINA ESPIRITUAL NA IGREJA

A igreja comprometida ao santo serviço é composta por cristãos que têm um intenso amor e sentimento de responsabilidade uns pelos outros. Os crentes estão ligados por:

1. Uma Chamada à Comunidade

Os cristãos devem ter um desejo convincente de se darem a si mesmos para o bem comum. Charles R. Swindoll afirma que esta identidade incorporada em Cristo transforma os cristãos de "mármores" para "uvas". "Cada congregação ... pode escolher ser uma pasta de mármore, unidades únicas que não afectam umas às outras excepto quando colidem. Ou ... uma pasta de uvas. O sumo começa a entrosar e não daria para se desembaraçar se tentasse. Cada um é parte de todos. Parte da fragrância ... (e) algumas vezes nós (uvas) realmente sangramos e somos feridos."[6]

A alegria de ser parte de uma igreja com um coração de serviço é que ninguém sangra e se fere sozinho. Quaisquer que sejam as nossas tentativas ou triunfos alguém virá partilhar a experiencia connosco.

Pergunte a Miriam. Ela tinha 76 anos de idade quando aceitou Cristo no seu coração. No entanto, o seu primeiro natal como filha do Rei quase a fez mudar de ideias. Primeiro, ela apanhou uma grande constipação. Segundo, foi despedida do seu emprego. Depois os seus cães quebraram a vedação do seu quintal na mesma altura em que o seu aquecedor de parede se estragou. Enquanto tremia na sua pequena e frígida casa, Miriam ouviu vários tiros de armas. Ao correr para fora, viu um dos seus cães estatelado morto em frente do relvado. O outro cão estava ferido.

Miriam ficou devastada e gritou, "O que se passa contigo Deus? Não me amas mais?" Ela gritou tão alto que nem ouviu o telefone a tocar. A chamada era de um dos seus novos amigos da igreja que se sentia guiado por Deus para lhe telefonar "para ver se estava tudo bem." Miriam ficou aturdida. Como é que o seu amigo soube que ela precisava de ajuda?

O amigo escutou e veio imediatamente com lenha para aquecer a casa de Miriam e uma mão extra para levar o cão ferido à veterinária. No dia seguinte um electricista da igreja veio reparar o seu aquecedor enquanto o biscateiro da igreja colocava a vedação da frente do quintal. Poucos dias mais tarde uma classe de Escola Dominical levantou uma oferta para ajudar Miriam a pagar as suas contas. Eles vieram à sua porta cantando alegremente, segurando um grande cesto de comida e uma árvore de natal decorada, completa com luzes e ornamentos. "Deus ama-te Miriam," um dos coristas exclamou:

"Eu sei" ela admitiu "Agora já o sei."

O cuidado espontâneo dos outros crentes incitara Miriam a ficar na igreja e estar envolvida no ministério de copa para os sem abrigo.

2.Chamada à Responsabilidade

Se a santidade é para ser expressa através de boas obras, então a igreja é chamada a equipar, motivar e enviar todos os crentes ao serviço. Ouça o grito do pastor e o líder leigo do ministério James Garlow: "Ao contrário da opinião popular, o cristianismo não é um desporto de espectadores. Cada crente é um ministro! Todos estão envolvidos."[7]

Encontrar os Meus Lugares de Serviço

Como vimos nos primeiros capítulos, este envolvimento foi extensivamente promovido por John Wesley, que treinou 653 pregadores leigos durante o seu meio século de ministério activo. O primeiro sistema metodista dava amplo espaço aos leigos para servirem como líderes de classe, líderes da banda, mordomos, visitantes aos doentes, companheiros da escola e empregados domésticos.

Thomas Gillespie afirma que esta extensa revolução secular continuará hoje, mas "só se do 'clero' estiverem dispostos a sair, e se todo o povo de Deus quiser sair."[8]

Quando ministramos juntos não somente como servos mas como verdadeiros amigos de Jesus e uns dos outros, podemos cumprir o mandamento de Paulo de "fazer o bem a todos, mas principalmente aos domésticos da fé" (Gálatas 6:10).

Na igreja que eu frequento, os membros atendem a compaixão de "carregar os fardos uns dos outros" (Gálatas 6:2) de várias maneiras. Os adolescentes visitam pessoas enclausuradas. Essas pessoas escrevem cartões de encorajamento aos adolescentes. Novos casais renovam as casas dos membros com problemas financeiros. Casais mais velhos "adoptam" as novas famílias por contactá-las frequentemente e intercederem por elas. Os mecânicos assistem as viúvas com problemas dos carros. Os contabilistas aconselham pais solteiros a sobreviverem com dinheiro limitado. E grupos de oração de todas as idades reúnem-se regularmente para elevarem os louvores e petições da igreja ao trono. A chamada para os santos servos estende-se para além de onde vivemos e onde adoramos até onde trabalhamos. Quando os cristãos andam no trabalho devem pensar mais do que o que fazer do dinheiro, impressionar o chefe, ou sobreviver até o fim de semana. Não importa onde trabalhamos, devemos no final de tudo servir a Cristo e às pessoas para quem Ele morreu.

Paulo deixa bem claro que "E tudo quanto fizerdes, fazei-o de todo o coração, como ao Senhor e não aos homens, sabendo que recebereis do Senhor o galardão da herança, porque a Cristo, o Senhor, servis" (Colossenses 3:23-24). Por outras palavras, o nosso chefe superior é Jesus.

As canções dos nossos antepassados espirituais, os primeiros wesleyanos, devem ser nossas. Esta canção foi intitulada "On Their Going to Work" (*No seu caminho para o Trabalho*).

Vamos seguir em frente, com os mandamentos de Cristo,
deixe que nos apressemos.
Ofereçamos a Cristo o nosso coração e mãos
Trabalhemos para Cristo hoje [9]
—Charles Wesley

A Chamada do Alto

Serviço como uma Disciplina Espiritual no Mundo

Quanto mais os servos de Deus prestarem atenção à chamada do alto para a santidade, mais interessados e envolvidos estaremos com o Seu mundo idólatra. A nossa jornada não é para nos retirarmos para um gueto para esperarmos paciente e passivamente a consumação do Reino. Em vez disso, devemos viver e trabalhar agora na busca do reino. Somos parceiros de Cristo para promovermos a Sua rectidão e justiça em toda a criação. A nossa missão global divide-se em três partes:

1. *Testemunhar o Evangelho:* somos chamados a pregar e modelar as boas novas a toda a gente.

2. *Caridade:* Somos chamados a oferecer auxílio aos necessitados e oprimidos.

3. *Acção Social:* Somos chamados a segurar que as estruturas sociais estejam alinhadas com os princípios do reino.

1. Os Servos são Chamados a Testemunharem o Evangelho

Os santos servos são chamados a viverem e a proclamarem o Evangelho a fim de ganhar as pessoas para uma fé pessoal em Jesus Cristo. Não é suficiente apresentar-los a Jesus; devemos discipulá-los a fim de submeterem as suas vidas à Sua graça, senhorio e missão.

Muitas vezes o campo missionário mais duro é testemunhar aos que conhecemos e amamos muito. Um dia partilhei as minhas frustrações com um antigo superintendente geral da Igreja do Nazareno, o Dr. Edward Lawlor. Ele aconselhou-me a procurar um lápis e papel para registar a sua resposta. Quando voltei, ele mostrou-me três maneiras de testemunhar aos meus amados perdidos. "Número um: amabilidade e compreensão. Número dois: amabilidade e compreensão. Número três: Amabilidade e compreensão." O seu conselho deu-me mais ânimo para partilhar Cristo com os outros.

Nós também necessitamos de estar envolvidos na missão incorporada da igreja para proclamarmos Cristo à nossa comunidade vizinha e ao mundo. Sou relembrado da obra redentora através de vários dos meus amigos que estão a seguir as pisaduras de John Wesley e Phineas Bresee.

- Ed patrocina um estudo bíblico semanal para a vizinhança que tem atraído um crescimento numérico de crentes e não crentes à volta da sua casa.

Encontrar os Meus Lugares de Serviço

- Sandy convida constantemente amigos não salvos para a igreja. O seu ministério ajudou a ganhar mais de 15 pessoas para Cristo nos últimos dois anos.
- Willie tem lutado com cancro durante anos. Ainda assim, no meio do tratamento da quimioterapia, ela oferece bíblias e cobertores aos meninos de rua pelas estradas de Hollywood.
- Wes é um juiz reformado que goza da interacção com pessoas de culturas diferentes no projecto de Trabalho e Testemunho.
- John chefia uma sessão missionária de jovens casais que se dedica a ajudar igrejas de missão em casas em toda a bacia de Los Angeles.

2. Os Servos são Chamados a Socorrerem os Pobres

Em toda a Bíblia vemos a Deus a ter um interesse especial pelos necessitados e convida-nos a fazer o mesmo. John E Alexander observa, "Os orfãos, viúvas e estrangeiros têm cerca de quarenta versículos que ordenam justiça para com eles. Deus quer deixar bem claro que num sentido especial Ele é o protector desses fracos. Os estrangeiros devem ser tratados quase da mesma maneira como os judeus, e aflige as pessoas que tiram vantagens dos órfãos e viúvas."[10] Provérbios 14:31 lembra-nos: "O que oprime o pobre insulta àquele que criou." Ao mesmo tempo, "Ao Senhor empresta o que se compadece do pobre" Provérbios 19:17.

A melhor maneira de ajudar os pobres é identificar-se com eles. Isso é o que Jesus fez. Paulo diz nos que, "sendo rico, por amor de vós se fez pobre" (2 Coríntios 8:9).

Ele nasceu num estábulo humilde. Os Seus pais eram muito pobres para trazerem a oferta normal para a purificação (Lucas 2:24). Durante o Seu ministério público, Ele não teve casa própria (Mateus 8:20). Ele próprio enviou os Seus discípulos em pobreza (Lucas 9:3; 10:4).

Então o que é que isto significa para si e para mim? Significa que temos que seguir o exemplo de Cristo ao escolher ser como o pobre. Que os possamos escutar, aprender deles e expressarmos a semelhança com Cristo a eles.

John Wesley afirma que havia separação entre a salvação pessoal e o envolvimento social. Ele e os seus reformadores trabalhavam incansavelmente para o bem-estar espiritual e material daqueles que tinham sido vitimados pela industrialização. Wesley espalhou a santidade escriturística e reformou a nação por estabelecer serviços sociais tais como orfanatos, casas para os pobres, despesas de comida e roupa, uma clínica médica gratuita, um hospital para mães solteiras e internatos para crianças que caso contrário seriam destinados ao trabalho nas lojas e nas minas.

A Chamada do Alto

> E não nos cansemos de fazer o bem Porque a seu tempo ceifaremos, Se não houvermos desfalecido ... Façamos o bem para todos.
> (Gálatas 6:9)

Além disso, Wesley encorajou os cristãos a renunciarem tudo excepto "as evidentes necessidades da vida – comida saudável, roupa limpa e o suficiente para continuar o negócio de alguém."[11] Ele vivia o que pregava. As vendas dos seus livros muitas vezes rendia-lhe 1.400 libras anualmente, mas gastava somente 30 libras para si. O resto ele dava. Vestia sempre roupas baratas e alimentava-se de comida simples.[12]

A chamada para a simplicidade foi ecoada pelo líder nazareno Phineas Bresee, que queria casas de adoração "simples e baratas" para que "todas as coisas pudessem dizer bem-vindo aos pobres." As primeiras igrejas nazarenas foram encorajadas a espalharem o santo fogo através do serviço de pregar e amar os necessitados. Os ministérios sociais da igreja incluíam a "Cabana de Descanso", um lar de salvação para mães solteiras em Pilot Point, Texas; uma missão de salvação no centro da cidade de Los Angeles, e um orfanato em Bethany, Oklahoma. A herança do santo serviço vive até hoje numa variedade de ministérios humanitários para ajudar aqueles cujas vidas foram devastadas por tragédias relativamente recentes tais como revoltas nas igrejas de Los Angeles e o furacão Anfrew na Flórida e Lousiana. As igrejas ao longo dos Estados Unidos uniram-se em oração para projectarem reconstruir as casas demolidas, igrejas e negócios. E para tratarmos das necessidades internacionais, os cristãos têm distribuído ofertas ou trabalhado arduamente para trazerem comida para as famílias famintas em África e auxílio médico para as vítimas das explosões nucleares em Chernobyl, Rússia.

Independentemente dos nossos rendimentos, *todos* os crentes são chamados a moldar as nossas despesas e hábitos de trabalho à sensibilidade das necessidades dos outros. Devemos parar de comprar coisas frívolas a fim de generosamente darmos mais à causa de Deus. Os pais devem modelar a mordomia bíblica nos seus filhos. Richard Foster escreve, "Nem Jesus nem nenhum dos apóstolos se limitou a dar o dízimo – eles foram para além dele. Em todos os seus ensinamentos, a generosidade e sacrifício eram largamente conhecidos. Isto é verdadeiro se estivermos a olhar para a viúva pobre ao dar tudo o que tinha ou Barnabé ao dar uma parcela de terra à igreja primitiva."[13]

3. Os Servos são Chamados para a Acção Social

Como santos servos somos chamados a promover a paz de Deus num mundo afectado pela ganância, permissividade e egoísmo. Com Jesus como nosso modelo e o Espírito como nosso capacitador.

Podemos combater a injustiça. Devemos recomendar o nosso governo, escolas, e organizações de saúde sempre que ajam no sentido de preservar os padrões bíblicos. Devemos apoiar os líderes ou assumir a liderança a fim de iniciarmos as mudanças para o bem público. É nosso direito e responsabilidade levantarmo-nos pelos direitos dos que estão por nascer, idosos, pessoas com problemas mentais e outros que são incapazes de se defenderem a si mesmos. Podemos fazer isto através de oração, demonstração vigorosa não violenta e intervenção pessoal nas vidas dos que sofrem. Que possamos intencionalmente, como indivíduos e juntos como o Corpo de Cristo, buscar os que são evitados pela sociedade a fim de lhes oferecer a graciosa cura e esperança de Deus.

Alguns servos podem sentir-se guiados a exporem a injustiça ao tomar parte na desobediência civil. Antes de desafiarmos as autoridades civis, porém, os cristãos devem procurar saber se estão a andar na autoridade, poder e o amor do Espírito Santo.

Podemos combater a imoralidade. O pecado distorceu a nossa visão mundial da sexualidade. Que possamos, como servos de Deus, ser exemplos de boa moral e falarmos contra a pornografia e comportamento de promiscuidade muitas vezes promovidos pelos media. Os pais precisam ensinar e modelar aos seus filhos o que a Bíblia diz sobre a sexualidade e sobre relacionamento adequados.

Precisamos também de responsabilizar os media pelas suas publicações e programações que muitas vezes perdoam os comportamentos imorais. Podemos expressar a nossa insatisfação escrevendo cartas bem-pesquisadas, concisas aos publicadores, produtor de televisão e patrocinadores. A nossa opinião pode fazer a diferença.

E Podemos combater a poluição. É tempo de sermos bons mordomos da criação de Deus. As nossas casas e igrejas devem explorar maneiras criativas de conservar mais e consumir menos. Os servos de Cristo devem liderar na reciclagem para reduzir o desperdício. Devemos também ajudar a limpar as nossas comunidades para as futuras gerações.

Antes de seguir adiante, pare e pense na sua jornada espiritual como servo de Deus. Recorde as pessoas e as necessidades que Ele colocou no seu caminho e a sua resposta para com elas. Enquanto atende à chamada do alto, tem recebido e dado a graça de Deus à sua família, igreja, amigos no trabalho, vizinhos do outro lado da rua e estrangeiros que encontrou? Já usou os dons espirituais, posses e a personalidade que Deus lhe deu para melhorar a qualidade de vida ao seu redor? Está consumido por uma paixão de *ser* boa nova assim como de *partilhar* as Boas Novas?

Senhor, que possamos equilibrar as nossas vidas para um novo enchimento do Espírito Santo para vermos, chorarmos e cuidarmos dos necessitados do Teu dolorido mundo.

❧ Para Reflexão Pessoal e Acção ❧

1. Estudo Bíblico
   A. Leia Efésios 5-6
   B. Liste o que estes capítulos dizem sobre:

   Serviço Cristão na igreja

   Serviço Cristão em casa

   Serviço Cristão no mundo

2. Colher as melhores ideias no capítulo 19
   A. Reveja o capítulo e anote os termos que ecoam em ti fortes convicções.
   B. Identifique os exemplos ou ideias neste capítulo que te põe inconfortável, te fazem sentir-se culpado ou convencido.
   C. Se pudesses ter uns 15 minutos de conversa com o autor, que títulos poderias pôr?

3. Estreitando a Brecha
   A. No teu diário, desenhe um diagrama simples que compara na escala de 1 a 10 onde estás e onde gostarias de estar no tocante ao serviço Cristão.
   B. Que passos podes dar esta semana para estreitares a brecha entre onde tu estás e onde gostarias de estar.

Epílogo

Glórias não Adivinhadas & Aprofundamento Incompreendido

Já chegou ao fim deste livro mas não ao fim da sua jornada espiritual. Glórias não adivinhadas e aprofundamentos incompreendidos da Sua graça estão diante de si, à espera de serem descobertos.

Descobri-las-á quando se entregar à busca da semelhança de Cristo. Como notado primeiramente neste livro, o objectivo da formação espiritual e graça santificadora é a semelhança com Cristo. Como E. Stanley Jones uma vez disse: "Santidade divorciada da semelhança a Cristo não é santidade, mas sim, foço."

A Bíblia diz-nos como nos tornamos mais como Cristo "Mas todos nós, com cara descoberta, reflectindo, como um espelho, a glória do Senhor, somos transformados de glória em glória na mesma imagem, como pelo Espírito do Senhor" (2 Coríntios 3:18).

Este versículo inspirou a primeira estrofe do famoso hino de Charles Wesley. "O amor Divino Supera todos os Amores."

Termina então a Tua nova criação;
Puros e sem mancha deixa-nos ser,
Deixa-nos ver a Tua grande Salvação,
restaurados perfeitamente em Ti;
Mudados de glória em glória,
Até no Céu tomarmos o nosso lugar,
Até atirarmos as nossas coroas diante de Ti,
Perdidos na maravilha, amor e louvor.

A equipa escreveu este livro para dar orientação no entendimento dos padrões fundamentais da santidade. Tentámos providenciar um entendimento compreensivo dos padrões globais de formação espiritual com a orientação da Palavra de Deus. Reconhecemos que não tocámos em todos os assuntos.

Por exemplo, o papel da música na vida devocional merece provavelmente mais ênfase. Também, o sofrimento como uma disciplina espiritual podia ter sido explorado com mais proveito. No fim de contas, quando Deus decidiu redimir o mundo, escolheu fazê-lo através do sofrimento. Como seguidores de Cristo, o nosso sofrimento, apesar de poder parecer perdido, tem alguma contribuição redentora no mundo. Por isso, o sofrimento tem significado. Não que alguém deva buscar o sofrimento para si mesmo. Mas devemos saber que todo o sofrimento consagrado a Cristo tem valor redentor.

Além disso, reconhecemos que não escrevemos exaustivamente nos tópicos que abordamos. Ainda assim, oramos e ousamos esperar que tenha ajudado a produzir no seu coração uma fome de querer dedicar se a si mesmo a seguir a chamada do alto de Deus para a vida de semelhança com Cristo. Oramos para que neste mesmo momento, o seu coração se abra e cante esta oração ao nosso gracioso Deus.

"Termina então a Tua Nova Criação"

NOTAS

Prefácio

1. Frank Whaling, *John and Charles Wesley, Selected writings and Hymns*, in *The Classics of Western Spirituality*. (New York, Paulist press 1981), 64.

Capítulo 2

1. Susan Howatch, *Scandalous Risks* (New York: Alfred A. Knopf, 1990, 255.
2. Steve Turner, *Lean, Green and meaningless." Christianity Today* 34:13 (24 de Setembro de 1990), 27.
3. Ibid.
4. Walter Brueggemann, *Finally Comes the Poet* (Mineapollis: Fortress Press, 1989), 30.
5. H. Ray Dunning, *Grace, Faith and Holiness* (Kansas City: Beacon Hill Press, 1988), 278-283.
6. *The Works of John Wesley*, 3rd ed. (Kansas City: Beacon Hill Press, 1979, uma reedição da edição de 1872) 6:67-68.
7. Dunning, 275.
8. Mildred Wynkoop, *A Theology of Love* (Kansas City: Beacon Hill Press, 1972), 164.
9. Ibid, 154.

Capítulo 3

1. Dunning, *Grace, Faith, and Holiness*, 478.
2. Robin Maas, *Crucified Love: The Practice of Christian Perfection* (Nashville: Abigdon Press, 1989), 105.
3. Ibid, 21.
4. Robin Maas e Gabriel O'Donnell, editores, *"Wesleyan Spirituality"* no *Spiritual Traditions for the Contemporary Church* (Nashville: Abigdon Press, 1990), 311-312.
5. Ibid., 311.

Introdução ao Capítulo II

1. Dallas Willard, *The Spirit of the Disciplines: Understanding How God Changes Lives* (San Francisco: Harper e Row, 1988), 137.
2. *The Works of John Wesley* 5:187-188.

Capítulo 4

1. Annie Dillard, *Teaching a Stone to Talk* (San Francisco: Harper e Row, 1982), 40.
2. R. A. Torrey, no livro de Daniel J. Lehman, "Evangelizing Evangelicals" *Christian Centuary* 105:30 (October 19, 1988), 917.

3. William Temple, *The Hope of a New World* (New York, Macmillan, 1942), 30
4. Evelyn Underhill, *Worship* (London, Nisbet e Co., 1936),72
5. In German, the words *Volkswerk, Volksdienst and gottesdienst* all combine the conceptof obedient service owed with reference to the one to whom that obedience is owed-whether society or God.
6. Robert E. Webber, *Worship Is a Verb* (Nashville, Abbott-Martyn, 1992), 16-18.
7. John E. Burkart, *Worship* (Philadelfia; Westminster Press, 1982,17
8. Oecar Cullmann, *Early Christian Worship* (London, SCM Press 1953),29
9. Rob Staples, *Outward Sign and Inward Grace* (Kansas City, Beacom Hill Press of Kansas City, 1991), 99
10. Maria Harris, *Fashion Me a People* (Louisville, Ky, John Knox Press, 1989), 77
11. Staples, *Outward Sign and Inward Grace*, 100
12. Walter Brueggemann, *Israel's Praise: Doxology Against Idolatry and Ideology* (Minneapolis, Fortress Press, 1988), 139
13. Ibid,138
14. Brueggemann, "*Praise and the Psalms,*" *The Hymn: A Journal of Congregational Song* 43:4 (Outubro de 1992), 18
15. Cited by Clyde E. Fant, *Preaching for Today (*New York: Harper and Row, 1975), 22
16. Richard Lisher, *A Theology of Preaching* (Nashville, Abington, 1981), 74
17. Webber, *Worship is a Verb*, 11
18. Ibid, 79
19. Staples, *Outward Sign and Inward Grace*, 106
20. Ibid, 108
21. Harris, *Fashion Me a People*, 77

Capítulo 5
1. *The Works of John Wesley*, 5:188
2. Ibid, 201
3. Ibid, 192
4. Ibid, 194
5. Ibid, 3
6. Ibid, 14:252
7. 253
8. John Wesley, *Explanatory Notes upon the New Testament* (Kansas City, Beacon Hill Press od Kansas City, 1981 reprint, Vol.2 notes on 2 Tim. 3:16
9. *The Works of John Wesley*, 14:253
10. *Ibid.*
11. Eugene H.Peterson, *Working the Angels: The Shape of Pastoral Integrity,* (Grand Rapids, William B. Eerdmans Publishing Co. 1987), 61,

Notas

12. Ibid. 80.
13. Walter Ong, *The Presence of the Word* (New Haven, Conn: Yale University Press, 1967), 19.
14. M. Robert Mulholland, Jr., *Shaped by the Word: The Power of Scripture in Spiritual Formation,* (Nashville: Upper Room, 1985), 58.
15. *The Works of John Wesley,* 14:25.
16. Ibid.
17. Dietrich Bonhoeffer, *The Way to Freedom: Letters, Lectures, and Notes 1935-1939 from the Collected Works of Dietrick Bonhoeffer,* ed. Edwin H. Robertson and John Bowden (Londres: Collins, 1966), 2:59.
18. Ibid.
19. Mulholland, 110
20. Ibid.
21. Ibid, 111.
22. Walter Brueggemann, *Interpretation and Obedience* (Minneapolis: Fortress Press, 1991).
23. *The Works of John Wesley,* 14:253.

Capítulo 6

1. Susan Muto. *Pathways of Spiritual Living* (Petersham, Mass.: St Bede's Publishing, 1984), 115.
2. John Wesley, *The Letters of the Rev. John Wesley, A.M.,* ed. John Telford (London: Epworth Press, 1950), 5:212.
3. Ibid, 275-276.
4. Maxie Dunnam, *The Workbook of Intercessory Prayer* (Nashville, Upper Room, 1979), 17.
5. Kenneth Leech, *True Prayer* (San Francisco: Harper and Row 1980), 59.
6. Ibid, 60.
7. 1 John 1:7, paráfrase dos autores
8. Macarius the Egyptian, "Homilies" no *A Christian Library,* ed. John Wesley (London; T. Blanchard, 1819) 1:8.
9. Ibid., 87.
10. Ibid., 110.
11. Ibid., 100.
12. Albert E. Day, *Discipline and Discovery* (Nashville: Disciplined Order of Christ, 1961), 89
13. John Wesley, "The Repentance of Believers," *Sermons on Several Occasions* (London: Wesleyan Methodist Book Room, n.d.), 185.
14. Wesley "Our Lord's Sermon on the Mount", Discourse III no *Sermons,* 326.
15. Bob e Michael W. Benson, *Disciplines for the Inner Life* (Waco, Tex.: Word Books, 1985), 337.
16. See *Weavings* 1:1 (September/October 1986),35-38
17. Muto, 121, 123.

18. Stephen J. Harper no *The Devotional Life of John Wesley, 1703-1738*, Ph.D. diss., Duke University, 2:403. ThIsso é da transcrição de Harper do manual de oração manuscrito de Wesley.
19. John Wesley, "John Wesley's Covenant Service," no *Wesley Hymns*, (Kansas City: Lillenas Publishing Co., 1982), A-4.

Capítulo 7
1. Willard, 161.
2. Henri I. Nouwen, *Out of Solitude* (Notre Dame, Ind.: Ave Maria Press, 1974), 20.
3. Thomas R. Kelly, *A Testament of Devotion* (New York: Harper and Row, 1941), 102.
4. Muto, 77.
5. Ibid., 78.
6. Henry J. Nouwen, *The Way of the Heart* (Minneapolis: Winston/Seabury Press, 1981), 12.
7. Anthony Pavadano, *Dawn Without Darkness* (New York: Double Day and Co., 1972), 123.
8. Muto, 57-58.
9. "A Practice-of-Silence Test" no Wayne Oates, *Nurturing Silence in a Noisy Heart* (Garden City, N.Y.: Doubleday and Co., 1979), 112-113.
10. John Wesley, *The Sermon on the Mount: John Wesley's fifty-Three Sermons*, ed. Edward H. Sugden (Nashville: Abingdon Press, 1983), 7:334.
11. Ibid., 344.
12. Ibid., 342.
13. James C. Fenhagen, *Ministry and Solitude: The Ministry of Laity and Clergy in Church and Society* (New York: Seabury, 1981), 68.
14. Les L. Steele, *On the Way* (Grand Rapids, Mich.: Baker Book House, 1990), 33.

Capítulo 8
1. Robin Maas and Gabriel O'Donnell, *Spiritual Traditions for the Contemporary Church* (Nashville: Abingdon Press, 1990), 46.
2. Ibid., 47.
3. Muto, 74
4. Maas and O'Donnell, *Spiritual Traditions*, 48.
5. Susan Muto, *Meditation in Motion* (Garden City, N.Y.: Image Books, 1986), 26.
6. J. I. Packer, *Knowing God* (Downers Grove, III.: InterVarsity Press 1973), 117.
7. Morton Kelsey, *The Other Side of Silence* (Ramsey. N.J.: Paulist Press, 1976), 36.
8. Ibid., 37.
9. Ibid., 39.

Notas

Capítulo 9

1. Ross Snyder, *Introduction to Robert Wood: A Thirty-Day Experiment in Prayer* (Nashville: Upper Room,1978), 7.
2. Wood, *A Thirty-Day Experiment in Prayer*, 14.
3. Muto, *Pathways of Spiritual Living*, 111.

Capítulo 10

1. Annie Dillard, *Pilgrim at Tinker Creek* (Toronto: Bantam Books, 1974), 149.
2. Willard, *The Spirit of the Disciplines*, 139.
3. Some valuable resources for gaining insight into the way in which Myers-Briggs personality indicator affects spiritual development can be found in the following resources: Steve Harper, *Embrace the Spirit* (Wheaton, Ill.: Victor Books, 1987); W. Harold Grant, Magdala Thompson, and Thomas E. Clarke, *From Image to Likeness* (New York: Paulist Press 1983); Reginald Johnson, *Celebrate, My Soul: Discover the Potential of Your God-given Personality* (Wheaton, Ill.: Victor Books, 1988); and M. Robert Mulholland, Jr., *Invitation to a Journey: A Road Map for Spiritual Formation* (Downer Grove, Ill., InterVarsity Press, 1993).

Capítulo 11

1. Wally Fahrer "We Are Committed to Each Other," *Gospel Harold*. (18 de Fevereiro de 1992), 2.
2. Holland N. McTyeire *A History of Methodism* (Nashville: Publishing House of the M.E. Church, South, 1904), 204.
3. *The Works of John Wesley* 1:416.
4. Ibid. 3:144.
5. Steven Harper, *Embrace the Spirit* (Wheaton, Ill.: Scripture Press/Victor Books, 1987). 90-91.
6. *The Works of John Wesley* 8:269.
7. Fahrer, *Gospel Herald*, 2.
8. *The Letters of Rev. John Wesley*, A.M. 8:158.

Capítulo 12

1. John W. Drakeford, *People to People Therapy (* San Francisco: Harper and Row, 1978), 21.
2. *The Letters of the Reverend John Wesley. A.M.* 2:115.
3. From an article in Zion's Herald(Boston: Nov. 21, 1825) 3:1. It was designated as a reprint from an earlier edition of Wesley's *Arminian Magazine*.
4. Ibid.
5. Ibid.
6. Ibid.
7. Ibid.

8. *The Works of John Wesley* 8:270.

Capítulo 15
1. Bruce, *Word Biblical Commentary*.
2. Ibid., 53.
3. *The Letters of John Wesley* 5:258.
4. Ibid., 87.
5. Bruce, *Word Biblical Commentary*, 59.
6. Ibid., 10.
7. Ibid., 34.
8. Matthaei, "Faith Mentoring in the Faith Community," 62.
9. Laurent Daloz, *Effective Teaching and Mentoring* (San Francisco; Jossey-Bass, 1987), 231.
10. William H. Willmon "Taking Confirmation out of the Classroom," *Christian Century* 105:9 (Março 16, 1988) 271, Cited by Matthaei, "Faith Mentoring in the Faith Community," 60.
11. Quoted by Matthaei, "Faith Mentoring in the Faith Community," 61.
12. Bruce, *World Biblical Commentary*, 28, 65.
13. Ibid., 34.
14. See Matthaei, "Faith Mentoring in the Faith Community," 63-67.
15. Stephen Crane, "A Learned Man" in *Modern American Poetry* (New York: Harcourt Brace & World, 1958),148.
16. William Myers, *Theological Themes of Youth Ministry* (New York: Piligrim Press, 1987), 35.
17. Matthaei, "Faith Mentoring in the Faith Community." 66.
18. Bruce, *Word Biblical Commentary*, 70.
19. Ibid., 128.
20. James Fowler, *Becoming Adult, Becoming Christian* (San Francisco: Harper and Row, 1984), 40.
21. Sellner, *Mentoring: the Ministry of Spiritual Kinship*, 77.
22. Daloz, *Effective Teaching and Mentoring*, 19.
23. Christina Downing, *The Goddess: Mythological Images of the feminine* (New York: CrossRoad, 1981), 105, 107. Cited by Matthaei, "Faith Mentoring in the Faith Community," 6.

Capítulo 16
1. *Conference Minutes* 1:52, 68, cited by John W. Prince, *Wesley on Religious Education* (New York: Methodist Book Concern, 1926), 134.
2. *Conference Minutes*, cited by Prince, 135.
3. John Wesley, "On Family Religion," *The Works of John Wesley*, 7:79.
4. Ibid., 80.
5. "A Thought on the Manner of Educating Children, "*The Works of John Wesley*, 13:476.

Notas

6. Ibid., 7:81.
7. Ibid.
8. *Conference Minutes* 1:4, cited by Prince, 133. Also see *The Works of John Wesley,* 5:194,
9. John Wesley, *John Wesley's Prayers,,* ed. Frederich C. Gill (New York: Abingdon Press, 1951), 59, 63.
10. *Wesley Hymns,* A-4.
11. "The Devocional Life of John Wesley," 2:538.
12. *John Wesley's Prayers,* 103.

Capítulo 17

1. Richard Foster, *Celebration of Discipline* (San Francisco: Harper and Row,1978), 115.
2. Neil Hamilton, *Maturing in the Christian Life* (Philadelphia: Geneva Press, 1984), 127-28.
3. *The Letters of the Rev. John Wesley, A.M.,* 6:153.
4. Muto, *Pathways of Spiritual Living,* 173.
5. Missionary Featured at the Church of the Nazarene, biographical sketch on flier prepared by the Department of World Missions, Church of the Nazarene, Kansas City; Cory Abke, *Interview: President* Don Ownes," Accent on MidAmérica Nazarene College, Summer 1988), 12.
6. Quoted by Amy Carmichael in *Kohila* (Washington: Christian Literature Crusade, n.d.), 139.
7. Quoted by James S. Hewett in *Illustrations Unlimited* (Wheaton, III.: Tyndale house, 1988), 280.
8. "The Devocional Life of John Wesley, 1703-1738," 2:355

Capítulo 18

1. Dietrich Bonhoeffer, *Life Tohether* (New York: Harper and Row 1952), 99.
2. *Mother Teresa of Calcutta,* quoted by Malocolm Muggeridge in *Something Beautiful for God* (San Francisco: Harper and Row, 1971), 118.
3. Henri J.M. Nouwen, *Reaching Out* (Garden City: N.Y. Doubledday, 1975), 69.
4. Matthew Fox, *A Spitiruality Named Compassion (*Minneapolis: Winston Press, 1971), 21.
5. Joss Moody, *Quote. Unquote,* ed. Lloyd Cory, (Wheaton, III: Victor Books, 1977), 66.
6. Jack and Judith Balswick. *The Family. A Christian Perspective on the Contemporary Home* (Grand Rapids: Baker Books House, 1991), 201.
7. Dan Benson, *The Total Man,* (Wheaton, Ill: Tyndale House Publishers, 1977), 178.
8. Ross Campbell, *Como Amar realmente o Teu Filho,* Wheaton, Ill. SB Publications, Victor Books, 1977), 47-51.

9. *Apologia 15,* in *The Anti-nicene father,* ed. Allan Menzies, (New York: Charles Scribner and Sons, 1926).

Capítulo 19

1. Susan Muto, *Pathways of Spiritual Living,* 31. For further study on the rhythm of contemplation and service, see Muto's book *Renewed at Each Awakening: The Formation Power of Sacred Words* (Denville, N.J.: Dimension Books, 1979).
2. William Barclay, *The Letters of James and Peter Daily Study Bible Series* (Philadelphia, Westminster Press, 1958), 76.
3. Foster, *Celebration of Discipline,* 107.
4. *Nouwen, Reaching Outlcançando,* 58-59.
5. Hamilton, *Maturing in the Christian Life,* 167.
6. Charles R. Swindoll, *Dropping Your Guard: The Value of Open Relationship* (Waco, Tex.: Word Books, 1983) ,178.
7. James L. Garlow, (Kansas City: Beacon Hill Press of Kansas City, 1981) 21.
8. Thomas Gillespie, *The Laity in Biblical Perspective: The New Lailty,* ed. Ralph D. Bucy (Waco, Tex.: Word Book, 1978), 32.
9. Quoted by David Michael henderson in *John Wesley's Instructional: Groups* (Unpublished Ph.D. dissertation, Indiana University, 1980), 124.
10. John F. Alexandre, "The Bible and the Other Side" *The Other Side,* 11:5 (September-October 1975), 57.
11. *The Works of John Wesley,* 5:361-377.
12. J. Wesley Beady, *England: Before and After Wesley* (London: Hodder and Stoughton, n.d.), 238.
13. Richard Foster, *Money, Sex & Power* (San Francisco: Harper and Row, 1985), 73.

www.ingramcontent.com/pod-product-compliance
Lightning Source LLC
Chambersburg PA
CBHW022113040426
42450CB00006B/676